La Peur : étude psychologique des effets et de
la cause

Charles Richet

La Peur : étude psychologique des effets et de la cause

Editions le Mono

.

I

Nous avons essayé, il y a quelques années, de faire l'étude physiologique et psychologique de la douleur ; et tenté d'analyser les formes et les causes du dégoût. Nous voudrions faire ici, de la même manière et au même point de vue, l'étude de la peur. Douleur, dégoût et peur, les trois sentiments sont très voisins. Ils représentent l'ensemble des émotions répulsives.

En effet, ni l'homme ni l'animal ne sont indifférents vis-à-vis des choses de la nature. Ils ont pour les objets et les êtres des sentiments qui, pour être très complexes et très variables, peuvent néanmoins, en fin de compte, se ramener à deux émotions primitives tout à fait simples, l'amour ou la haine : l'attraction ou la répulsion. La douleur, le dégoût, la peur, sont les trois formes de la répulsion.

Cette répulsion peut être morale ou physique. C'est même un fait bien curieux qu'à des émotions, tout à fait physiques, matérielles pour ainsi dire, se soient, grâce au langage, complètement assimilées des émotions morales. La perte d'un ami est une douleur au même titre qu'une brûlure ; une lâche trahison excite le dégoût ainsi que fait une odeur nauséabonde ; et enfin on peut jusqu'à un certain point assimiler la frayeur que cause l'attente d'un examen, par exemple, au sentiment que l'on éprouverait en se voyant poursuivi par un lion. Certes, dans toutes ces émotions, les causes sont bien peu semblables ; mais l'effet psychique est à peu près le même ; aussi le langage, fidèle interprète de la vérité psychologique, emploie-t-il pour ces émotions diverses les mêmes expressions : douleur, dégoût et peur.

Ni les unes, ni les autres ne peuvent se définir. Peut-être même y aurait-il quelque inconvénient à vouloir à tout prix formuler une définition quelconque. Rien n'est plus clair dans l'esprit de chacun que les mots douleur, dégoût et peur : c'est pourquoi toute périphrase imaginée pour désigner ces sentiments sera inutile, à moins qu'elle ne contienne une théorie ; auquel cas elle serait dangereuse. Donc nous ne chercherons pas à définir la peur.

Il y a au mot *peur* des synonymes qui ne représentent pas tout à fait la même idée ; crainte, effroi, terreur, épouvante, horreur, frayeur et peur ne signifient pas absolument la même émotion. La *peur* est le mot le plus compréhensif, le plus général ; on l'emploie au propre comme au figuré, et on peut la concevoir à tous les degrés, depuis une légère émotion jusqu'à une émotion extraordinaire ; la *crainte* est le même sentiment que la peur, mais c'est de la peur mitigée, tempérée ; la crainte est souvent légitime, tandis que la peur, irréfléchie et aveugle, ne l'est pas. Dans l'échelle des émotions de la peur, la crainte représente la peur la plus petite, et celle qui se justifie le mieux. La *frayeur* est de la peur, et une peur très forte, accompagnée d'un certain degré d'affolement, d'ahurissement : aussi est-elle parfois comique et ridicule ; tandis que l'*effroi*, quoique son étymologie soit la même que celle du mot frayeur, indique une peur très violente aussi, mais qui semble accompagnée de stupeur plutôt que d'affolement. L'effroi fait qu'un homme reste muet, glacé, immobile, tandis que la frayeur le forcera à s'enfuir, haletant, éperdu. L'*épouvante* est un mot poétique, qui, comme le mot *terreur*, indique le plus haut degré de la peur. Quant à l'expression *horreur*, c'est aussi de la peur, mais cette peur est provoquée par un objet répugnant, horrible, ou bien elle s'accompagne d'un sentiment religieux vague, dans le sens que les anciens attachaient au mot *horror*.

Certes il y a quelque subtilité dans l'analyse de ces expressions : et en effet le langage commun confond ces synonymes plus que nous ne semblons le faire ici. Mais il y a cependant quelque intérêt à établir ces différences, car dans toute analyse psychologique la précision de la langue est indispensable.

Quelque intéressante que soit l'étude de la peur, elle n'a guère été faite jusqu'à présent d'une manière méthodique. Bien que des observations ingénieuses se trouvent dans l'œuvre des psychologues ou moralistes, il semble que les philosophes, d'une part, et les physiologistes, de l'autre, aient, bien à tort, suivant nous, négligé cet humble sentiment. Si humble qu'il soit, il est très humain, et, à ce titre, il doit intéresser l'homme. On ne peut guère mentionner sur la peur qu'un ouvrage de M. Mosso. Le savant physiologiste italien a écrit sur ce sujet un livre très instructif ; et l'étude physiologique qu'il a donnée est excellente quant aux phénomènes physiques de la peur ; mais le point de vue auquel nous nous placerons ici sera différent. C'est surtout la psychologie générale que nous aurons en vue, et les relations de l'homme avec l'animal.

En un mot, nous étudierons les effets et les causes de la peur chez les êtres sensibles, qui tous, à des degrés divers, semblent capables de ressentir cette émotion protectrice.

II

Il s'agit d'abord de bien connaître les signes de la peur et les phénomènes physiques qui l'accompagnent. Pour l'homme, le témoignage de la conscience suffit. La peur chez lui peut être tout intérieure et ne se traduire par aucun signe apparent. Tel individu a éprouvé silencieusement une grande terreur, et rien n'a trahi son émotion : il pourra cependant, à quelque temps de là, faire le récit de ses sentiments et nous mettre au courant de son trouble intérieur.

Mais, pour les animaux, il n'en va pas de même. Si rien, dans leurs réactions, leurs gestes, leurs attitudes, ne manifeste ce qu'ils éprouvent, nous en sommes réduits à l'ignorer. Leur seul langage, c'est leur attitude. Aussi, pour connaître les agitations de leur conscience, force nous est d'avoir recours aux signes extérieurs qu'ils en donnent. Et alors c'est par analogie seulement que nous pouvons conclure. Mon cheval tout d'un coup dresse la tête, abaisse les oreilles, fait un écart, et se met au galop. Un linge blanc était devant lui, et je conclus qu'il a eu peur de ce linge. Ai-je le droit de tirer cette conclusion ? Pour l'affirmer, pour être certain en toute certitude que ma conclusion conjecturale n'est pas une erreur, il me faudrait, — qu'on me passe cette expression vulgaire, — *être dans sa peau* ; car ce que j'ai vu ne prouve pas d'une manière absolument rigoureuse que mon cheval a éprouvé un sentiment identique à celui que je connais, pour l'avoir subi moi-même, et que j'appelle la *peur*.

Cependant tout me permet de croire que le sentiment du cheval est de la peur ; car il aura absolument la même attitude, si le tonnerre tombe près de lui, ou s'il entend une violente et inattendue détonation, toutes causes qui provoquent chez l'homme le sentiment de la peur. De plus, chez les divers quadrupèdes, les attitudes sont à peu près les mêmes, quand un objet inattendu vient les surprendre. Il est certain que mon cheval a eu une émotion. Quel nom pourrai-je donner à cette émotion de mon cheval, sinon le nom de peur, qui concorde très bien avec la cause qui l'a fait naître ? Il est donc légitime d'assimiler son émotion à la peur, encore qu'assurément, par suite de l'insuffisance de son organisation intellectuelle, ce sentiment soit, selon toute vraisemblance, bien plus vague et indistinct que chez l'homme.

Si, chez les animaux supérieurs, dont les réactions, caractéristiques, bien connues de nous, ressemblent plus ou moins à nos propres actes, il n'y a pas de grandes difficultés à délimiter les effets physiques de la peur, au contraire, chez les animaux inférieurs, la difficulté devient pour ainsi dire insurmontable. Un lièvre passe le long d'un marais,

Grenouilles aussitôt de sauter dans les ondes,
Grenouilles de rentrer en leurs grottes profondes.

Cette fuite des grenouilles est-elle de la peur ? Cela est possible et même vraisemblable. Mais leur physionomie n'a pas changé, — puisque aussi bien les grenouilles n'ont pas de physionomie, — et nous ne saurions porter aucun jugement sur les phénomènes de conscience qu'elles ont éprouvés en sautant avec précipitation. Tout le monde admet que quelque chose a vibré en elles qui ressemble à la peur de l'homme ; mais, pour ma part, je serais porté à croire que la ressemblance entre la peur ressentie par une grenouille qui se sauve et la peur ressentie par un homme qui fuit devant un lion est une ressemblance très lointaine. Je crois bien que les deux êtres, l'homme et la grenouille, ont une peur très vive ; mais chez l'homme, le développement de l'intelligence est tel que le sentiment peur, comme tous les sentiments, acquiert un degré de puissance qui le rend absolument différent de l'humble sentiment, très vague, de la grenouille. Il faut donc, pour connaître les signes de la peur, s'en tenir aux signes donnés par l'homme ; car là il n'y a plus d'incertitude sur la nature de l'émotion qui a ébranlé la conscience, et l'analyse physiologique (étude du mouvement) peut concorder avec l'analyse psychologique (étude de la conscience).

La peur agit de deux manières : tantôt elle paralyse et rend immobile ; tantôt, au contraire, elle excite et donne des forces extraordinaires. Elle est agent tantôt d'excitation, tantôt de paralysie. Tel individu pris de peur reste cloué sur place, pâle, inerte : ses jambes se dérobent sous lui : il ne peut avancer, il sent toutes ses forces défaillir. Tel autre, au contraire, détale comme un lièvre ; la peur lui *donne des ailes*, comme on dit, et il laisse sans secours son malheureux compagnon, qui est impuissant à fuir, alors que, dans sa course rapide, lui-même s'est déjà mis hors de danger.

En même temps surviennent des phénomènes physiques tout à fait spéciaux et qui ressemblent, à quelques nuances près, aux effets physiologiques du dégoût et de la douleur. Rien de mieux, pour les décrire, que d'emprunter les expressions populaires ; car elles sont plus imagées et plus exactes que les termes scientifiques. Le langage des poètes et le langage des gens du peuple emploient pour désigner les effets de la frayeur une remarquable richesse d'expressions et d'images. — Les cheveux se hérissent sur la tête. Le corps est pris d'un tremblement, d'un frisson général, si fort que les dents se heurtent avec force l'une contre l'autre, faisant un bruit qui s'entend de loin. Les mains sont animées d'une agitation telle qu'elles ne peuvent plus rien serrer, de sorte que l'objet que nous tenons est comme secoué par le frémissement des mains. Il n'y a plus de force, plus d'énergie. Les jambes fléchissent (*flageolent*, comme on dit vulgairement). Une sueur abondante couvre tout le corps, et, comme elle n'est pas accompagnée de chaleur de la peau, elle nous paraît froide, presque glacée. La peau elle-même frissonne ; et les petits bulbes pileux de la peau se redressent, se durcissent : c'est ce qu'on appelle la *chair de poule*. Un grand frisson convulsif, accompagné d'une sensation de froid intense, traverse tout le corps, depuis la nuque jusqu'au talon, en courant le long du dos à plusieurs reprises, comme une onde électrique froide. La figure pâlit. Les battements du cœur se précipitent, tumultueux, avec une si grande force qu'on est tenté d'appuyer la main sur la poitrine pour en arrêter la violence, comme si le cœur allait briser la paroi derrière laquelle il frémit. Quelquefois, au contraire, les mouvements du cœur se ralentissent en donnant une sensation d'angoisse indicible : il semble que la source de la vie va manquer. Les pupilles se dilatent. Les yeux s'ouvrent largement. Les traits de la figure prennent un aspect caractéristique, d'une laideur repoussante, bien représentée par les grands peintres. La respiration devient haletante. La voix s'arrête dans la gorge, et nulle parole ne peut sortir de la bouche pour exprimer cette pénible émotion qui a ainsi ébranlé l'être tout entier, moral ou physique.

Il s'agit là, bien entendu, de la peur parvenue à son apogée, et on retrouverait dans les auteurs de toute époque des descriptions d'épouvante qui concorderaient toutes avec celle que nous venons d'esquisser. Une peur modérée, relative, ne produit pas ces graves effets ; d'un autre côté, une peur plus intense peut produire la syncope, c'est-à-dire l'arrêt du cœur.

On sait à quel point toute émotion morale, faible ou forte, retentit immédiatement sur le rythme du cœur. La peur, plus que toute émotion, exerce sur les mouvements cardiaques une influence puissante que tout le monde connaît bien. Il n'est pas besoin, en effet, pour que le cœur soit ému, d'une peur intense : une petite frayeur suffit. Ne fût-ce qu'une détonation d'arme à feu inattendue ou la surprise de l'aboiement soudain d'un chien, c'est assez pour produire, comme on dit, un *battement de cœur*. Mais, si la frayeur est extrêmement intense, elle peut amener la syncope ; autrement dit, arrêter complètement les contractions du cœur. En somme, tous ces symptômes, pâleur, sueur froide, tremblement, grande faiblesse, sont les symptômes d'un état que les médecins appellent *syncopal*, car ils coïncident avec la syncope et souvent même ils la précèdent.

Rarement cette syncope est assez prolongée pour produire la mort ; mais cependant on en trouve dans l'histoire de la science quelques exemples authentiques. Un de mes regrettés confrères, expérimentateur distingué, M. Bochefontaine, m'a raconté qu'une fois il avait pris un chien, sur lequel il se proposait de faire une expérience, et qu'il venait d'attacher sur la table qui sert à ces infortunés martyrs : ce chien, épouvanté sans doute par l'odeur du sang et la vue des préparatifs qui se faisaient devant lui, mourut subitement. Chez l'homme, des cas de mort subite causée par la peur ont été signalés. On rapporte, — mais l'authenticité de l'histoire, qui se trouve dans d'anciens livres de physiologie, ne me paraît pas indiscutable, — qu'après une nuit d'orgie, des jeunes gens résolurent de faire le simulacre d'un jugement et d'une exécution. Un d'entre eux fut amené, les mains liées, les yeux bandés, et, malgré ses supplications, fut condamné à être saigné jusqu'à ce que mort s'ensuive. On lui banda les yeux, on simula la piqûre de plusieurs veines, et, en même temps, on faisait tomber des filets d'eau dans un bassin, de manière à imiter le bruit du sang tombant de la veine ouverte dans un vase. Tout d'un coup, le malheureux, qui n'avait cessé de gémir, s'affaissa : il était mort.

Mon père a raconté qu'un jour, avant de subir une grave opération chirurgicale (l'opération de la pierre), un patient fut amené devant un nombreux auditoire d'élèves. Le chloroforme n'était pas connu alors. Le chirurgien, — c'était l'illustre Desault, dans l'amphithéâtre de l'Hôtel-Dieu, — traça sur la peau avec son ongle la ligne que l'incision devait suivre ; soudain le pauvre patient poussa un profond soupir et mourut.

D'après M. Mosso, qui cite Marcello Donato, au siège de Bude pendant la guerre contre les Turcs, un jeune homme qui combattait avec vaillance fut mortellement blessé et tomba. Quand la bataille fut terminée, le général (Raisciac, de Suède), accourut pour savoir quel était ce héros. A peine leva-t-il la visière du casque, qu'il reconnut son fils. Alors il resta immobile, les yeux fixés sur lui, et tomba mort sans pouvoir proférer une parole.

M. Mosso raconte ainsi l'histoire, relativement plaisante, d'un célèbre chirurgien de Pavie, Porta, qui, s'il voyait un de ses opérés succomber pendant l'opération mime, — c'était encore avant le chloroforme, — jetait dédaigneusement les instruments par terre et criait au cadavre, en manière de reproche : « Le lâche ! il meurt de peur. »

M. Lauder-Brunton, physiologiste anglais distingué, a cité une histoire ressemblant beaucoup à une de celles que je viens de citer plus haut. Un maître d'études, s'étant rendu odieux aux jeunes gens d'un collège, fut saisi par eux et conduit dans une salle où l'on avait préparé une hache et un billot. Là on lui assura qu'il allait mourir. On lui banda les yeux et on le mit sur le billot. Puis on donna le signal de la chute de la hache ; mais, au lieu de la hache, on fit tomber sur son cou un linge mouillé. Et alors, subitement le malheureux mourut.

L'attente du coup mortel, et la peur qui accompagne cette horrible attente, ont peut-être déterminé la mort chez quelques condamnés. Quand La Pommeraye monta sur l'échafaud, il était, d'après M. Maxime Du Camp, plus qu'à demi mort. M. Laborde a eu l'occasion d'observer, quelques instants après la mort, le cœur de Gagny qui fut, il y a un an, guillotiné à Troyes. Le cœur était gorgé de sang et dilaté, contrairement à ce qu'on observe en général ; car, après décapitation, le cœur est en général contracture et tout à fait exsangue. Peut-être la mort était-elle survenue quelques instants avant la décapitation. D'ailleurs, au dire des assistants, Gagny ne pouvait plus se soutenir, et on fut forcé de le porter pour lui faire subir le coup fatal.

Ces cas de mort causés par la peur sont assurément tout à fait exceptionnels. Mais la syncope est assez fréquente. Pour ma part, j'ai en l'occasion d'observer un fait de ce genre qui n'a en heureusement aucune conséquence grave. Faisant chez moi des expériences de somnambulisme sur V…, très bon *sujet* somnambulique, — j'étais seul avec mon ami, M. Th. Ribot, le savant directeur de la *Revue philosophique*, — j'essayai de provoquer, ce qui était très aisé, une hallucination, en disant à la patiente : « Vous avez le bras coupé… Tenez, regardez, voici le sang qui coule ! » Alors aussitôt elle tombe par terre, sans mouvement, sans respiration : les battements du cœur s'étaient arrêtés : toute vie était suspendue, et, à ma grande épouvante, pendant une demi-minute, cette syncope persista, sans laisser d'ailleurs aucune trace, et sans que V… ait jamais su l'accident qu'elle avait subi. Quoique la peur ait chez elle provoqué une syncope, j'oserai affirmer que la peur a été pour moi bien plus que pour elle.

Mon maître, M. Verneuil, m'a aussi raconté l'histoire d'un jeune homme, qui, en maniant maladroitement un revolver, fit partir le coup. Il crut n'être pas blessé ; mais soudain, en apercevant sa blouse, il s'aperçut qu'elle était trouée, et alors la frayeur, frayeur rétrospective, comme cela arrive parfois, lui fit perdre connaissance.

Quelqu'un, passant dans une rue, fut arrêté par la chute d'une énorme pierre qui tomba à ses pieds. L'individu continua sa route très tranquillement ; mais, à quelques pas de là, il chancela et eut une syncope.

Dans une réunion d'hommes et de femmes, comme par exemple dans le public assemblé pour assister à des scènes d'acrobatie, des exercices de trapèze, ou des parades avec des animaux féroces, il n'est pas rare que quelqu'un, et plus généralement une femme, *se trouve mal* subitement. Or toutes ces expressions se trouver mal, perdre connaissance, défaillir, sont synonymes de syncope. Ce sont donc là des syncopes déterminées par la peur ; et si les syncopes de frayeur allant jusqu'à la mort sont d'une extrême rareté, celles que suit un prompt rétablissement sont relativement assez communes. D'ailleurs toutes les émotions morales sont dans ce cas : la joie, la douleur, le dégoût, peuvent amener la syncope, parfois même la syncope mortelle ; et Rabelais, qui était grand médecin non moins que grand écrivain, en a réuni quelques cas plus ou moins authentiques, mais que, j'imagine, on relira avec plaisir.

Aussi une bonne part des effets physiques de la peur peut-elle être attribuée à la syncope : en effet, la pâleur de la face, la faiblesse générale et l'impuissance de tout mouvement, les bourdonnements d'oreilles, les vertiges, sont-ils des symptômes de syncope, et, s'ils accompagnent l'effroi subit, c'est peut-être moins à l'effroi lui-même qu'ils sont dus qu'à l'arrêt du cœur provoqué par l'effroi.

Cette émotion profonde de la conscience, accompagnée de phénomènes extérieurs violons, est fatale et involontaire ; elle est provoquée avec une force irrésistible, indépendante de nous-mêmes. En un mot, c'est une action *réflexe*.

III

Il me parait indispensable, avant d'aller plus loin, d'expliquer ce qu'est une *action réflexe*. Le mot est si souvent employé, et le phénomène a une si grande importance dans la physiologie et dans la psychologie tout entières, qu'on ne saurait mettre trop de soin à le bien définir.

Supposons un appareil central, — le système nerveux (moelle et cerveau) contenu dans la colonne vertébrale et le crâne, — auquel viennent aboutir des filaments innombrables, disposés de telle sorte que le moindre attouchement d'un de ces filets met en branle l'appareil central. Nous aurons quelque chose qui ressemblera à l'appareil sensitif de l'organisme vivant. Pas un point de la périphérie du corps qui ne soit sensible, c'est-à-dire dont l'ébranlement, se propageant de place en place par l'intermédiaire des nerfs sensitifs, ne soit apte à se communiquer à l'appareil nerveux central.

Ce mouvement communiqué, cet ébranlement de l'appareil nerveux ne s'arrêtent pas là. De même qu'un grand nombre de fibres sensitives nerveuses arrivent à la moelle épinière et au cerveau, de même de la moelle épinière et du cerveau partent un grand nombre de fibres nerveuses motrices, centrifuges, qui vont communiquer leur ébranlement aux muscles.

Ainsi, en touchant un nerf sensitif, on ébranle ce nerf sensitif, qui de là va à la moelle épinière, et l'ébranlement de la moelle épinière se répercute, se *réfléchit* sur les nerfs moteurs, qui à leur tour font contracter un muscle, ou plusieurs muscles, ou tous les muscles de l'organisme. La volonté, dans ce cas, ne joue aucun rôle. L'ordre de faire contracter les muscles ne vient pas de la volonté : c'est un ordre qui n'est pas *ordonné*, c'est un ordre *transmis* par l'irritation des nerfs sensitifs. Cette irritation, cheminant de proche en proche, a ébranlé la moelle épinière et fait que la sensibilité s'est transformée en mouvement.

Pour prendre un exemple, je suppose qu'on touche légèrement avec un brin de plume le globe de l'œil. Aussitôt les paupières se refermeront avec force. Mais la volonté ne sera pour rien dans cette occlusion des paupières. Ce sera un acte irrésistible, fatal, absolument involontaire. L'excitation sensible de l'œil a passé des nerfs sensitifs à l'axe cérébro-médullaire, et là elle s'est transformée, sans que la volonté ait joué aucun rôle, en un phénomène moteur, c'est-à-dire en l'excitation des nerfs moteurs qui commandent la clôture des paupières.

Ni la volonté ni la conscience ne sont nécessaires à l'acte réflexe. Et même, là où il y a acte volontaire, il n'y a plus acte réflexe. Les lignes que j'écris en ce moment représentent un acte volontaire. Certes, je ne pense pas à la manière dont je vais tracer chaque lettre particulière isolément. J'ai suffisamment l'habitude matérielle d'écrire pour que cette action soit tout à fait *automatique* et habituelle ; mais elle n'est pas réflexe, puisqu'elle est voulue. De même, le musicien qui, au piano, exécute sans presque s'en douter les mouvements les plus compliqués et les plus complexes, fait une action automatique, rendue possible seulement par un long exercice. C'est une action automatique volontaire, mais ce n'est pas une action réflexe ; car il veut jouer du piano, de même que je veux écrire.

Il faut donc établir une grande différence entre les mouvements *volontaires*, spontanés ou commandés par le *moi*, et les mouvements *réflexes*, qui sont fatalement consécutifs à une excitation sensible.

Un acte réflexe peut être conscient ou inconscient. Cela ne change rien à son caractère.

Prenons un exemple. On sait que l'iris de l'œil est un muscle circulaire dont l'orifice central, ou pupille, laisse passer les rayons lumineux. L'iris peut se contracter, et alors la pupille est petite : ou se relâcher, et alors la pupille est grande et dilatée. Or, toutes les fois qu'une vive lumière frappe la rétine, la rétine est excitée, puis le nerf optique qu'elle termine, puis les centres nerveux unis au nerf optique, si bien qu'enfin l'excitation, allant de proche en proche dans le bulbe et dans la moelle, gagne le nerf qui fait contracter l'iris, et alors la pupille se rétrécit sans que nous en ayons la moindre conscience. Ainsi, par voie réflexe, la lumière fait contracter l'iris, comme si cet admirable appareil, par un mécanisme automatique, déterminait lui-même la quantité de lumière qui doit passer à travers l'ouverture pupillaire de l'œil. Plus la clarté est grande, plus l'iris est resserré. C'est là un type d'action réflexe involontaire et inconsciente. Inconsciente assurément ; car il nous est absolument impossible de savoir quel est l'état de notre pupille, et rien ne peut nous avertir de son état de resserrement ou de dilatation.

A côté de ce réflexe inconscient, prenons un autre réflexe qui sera conscient ; par exemple, le frisson déterminé par le contact du froid sur la peau. Si l'on sort d'une chambre bien chauffée pour s'exposer brusquement à l'air extérieur très froid, outre l'impression du froid, on sera pris d'un grand frisson, très rapide, qui, pendant quelques secondes, va secouer tout le corps d'un violent tremblement. Ce tremblement, sera aussi involontaire que le resserrement de l'iris ; mais il sera parfaitement conscient. Le froid fait trembler ; mais on sait qu'on tremble, et, en même temps qu'on ressent le froid, on se rend compte du frisson tout à fait involontaire qu'il donne.

On peut donc dire des réflexes qu'ils sont les uns conscients, les autres inconscients. La peur est un réflexe conscient.

C'est aussi un *réflexe psychique*, et cette nouvelle expression a besoin encore d'être définie.

En effet, les exemples donnés jusqu'ici ne portent que sur des excitations très simples, qui ne nécessitent aucune intelligence, aucune compréhension, aucune élaboration intellectuelle. Mais certains réflexes ne sont pas dans ce cas. Ils sont réflexes, c'est-à-dire involontaires ; conscients, puisque nous nous en rendons parfaitement compte ; mais ils sont psychiques aussi, car il faut une certaine dose d'intelligence pour qu'ils aient lieu.

Je prendrai pour cela un exemple bien simple de frayeur ; le mouvement instinctif du soldat qui baisse la tête quand il entend siffler une balle à côté de lui. Ce mouvement est tout à fait réflexe ; car le malheureux a baissé la tête avant même de penser à la balle qui va peut-être le frapper. A peine a-t-il entendu le sifflement que déjà il a baissé la tête. Cet acte, tout involontaire, est donc bien réflexe, conscient et psychique.

Il existe quantité d'actions analogues ; et, pour peu qu'on y prête quelque attention, on verra combien, dans notre existence de chaque jour, ces actes réflexes psychiques ont une part importante.

L'émotion morale consciente et le mouvement extérieur qui l'accompagne sont causés par une excitation sensible, qui, en elle-même, n'est rien, mais qui est transformée par l'intelligence, de manière à devenir une excitation efficace. Certainement le sifflement d'une balle, en tant que bruit, ne fait pas baisser la tête. C'est un bruit qui, par lui-même, est tout à fait incapable de provoquer pareil mouvement. Si donc le soldat baisse la tête aussi soudainement, c'est que ce sifflement de la balle a une signification très claire. C'est la mort qui a passé près de lui. Il le sait, sans avoir besoin d'y penser longuement ; il est préparé à cette idée par une longue méditation ; et alors, avant qu'il ait fait un raisonnement conscient sur les effets d'une balle qui siffle, l'association des idées s'est opérée dans son esprit et a déterminé son mouvement subit.

Si, pendant que la foule regarde Léotard faire ses exercices de trapèze, une des cordes vient à se rompre, aussitôt une grande émotion s'empare de la plupart des spectateurs. Quelques-unes des femmes se trouvent mal ; d'autres poussent un cri. Les plus braves ont un frisson et pâlissent. Ce sont là, certes, des phénomènes bien involontaires, partant réflexes. Mais il faut, pour qu'ils existent, une certaine compréhension intelligente de ce qui s'est passé. Une corde qui se brise n'est pas une excitation réflexe ordinaire, et il n'y aurait en dans la salle aucune émotion si, au lieu d'individus comprenant le péril d'une corde qui se brise, il n'y avait eu que des brutes.

Les brutes, c'est-à-dire les animaux inférieurs, ne sont pas susceptibles d'avoir des réflexes psychiques. Tous leurs réflexes sont simples. Nulle connaissance, nul jugement sur la nature de l'irritation. Pour l'homme bien des réflexes sont de cette nature. Si l'on me met une paille dans l'œil, des larmes abondantes vont couler ; l'œil rougira ; les paupières se fermeront avec force ; mais ces phénomènes seront organiques, sans aucune compréhension ou élaboration intelligente sur la paille qui m'a blessé.

Presque toujours les réflexes psychiques ont pour point de départ un ébranlement des sens. Un paysage, un bruit, une odeur, une saveur, ne peuvent par eux-mêmes provoquer aucun réflexe organique, mais, s'ils sont compris par une intelligence, s'ils sont accompagnés d'une notion du phénomène extérieur, alors ils peuvent déterminer un réflexe qui est la conséquence de cette notion intuitive et soudaine.

Autrement dit encore, pour qu'une excitation produise de la frayeur, il faut qu'elle soit comprise, d'une compréhension peut-être élémentaire et superficielle ; mais enfin, dans une certaine mesure, l'intelligence est éveillée, tandis que les réflexes organiques se produisent sans qu'aucun effort intellectuel soit nécessaire.

Si nous résumons ces faits, nous voyons que la peur, réflexe psychique, a un double résultat : d'une part, un phénomène de conscience, c'est-à-dire la frayeur ressentie par le *moi* ; d'autre part, une série de phénomènes moteurs réflexes, tout à fait caractéristiques. Tout le système nerveux central est ébranlé ; et son ébranlement se communique à tous les appareils, moteurs ou glandulaires ; au cœur qui arrête ou accélère ses battements, aux muscles qui tremblent, aux glandes salivaires qui cessent de produire de la salive, aux intestins qui se contractent avec force, aux vaisseaux de la face qui pâlissent, aux glandes sudoripares qui sécrètent une sueur abondante, à la pupille qui se dilate, aux traits du visage qui reflètent l'angoisse de la conscience.

Tous ces organes divers se ressentent de l'ébranlement de l'appareil central qui relie les uns aux autres les organes les plus éloignés et met en parfaite harmonie l'émotion de la conscience et les mouvements du corps.

IV

Je n'en ai pas fini avec les détails physiologiques, et tout un ordre de faits importants doit encore être expliqué, ne fût-ce que d'une manière sommaire ; car, sans cette explication, on ne saurait comprendre l'action de la volonté et de l'intelligence sur la peur.

Un des plus profonds physiologistes de notre temps, M. Brown-Sèquard, a prouvé, par nombre d'expériences démonstratives et convaincantes, que le système nerveux, quand il a subi une stimulation extérieure, peut être *excité* ou *paralysé*.

En excitant un nerf, on provoque un mouvement. C'est là le cas le plus général ; mais, dans certaines conditions spéciales, l'excitation nerveuse peut, au lieu de produire un mouvement, arrêter ce mouvement, soit directement, soit par voie réflexe, de telle sorte que le système nerveux est un appareil tantôt d'*excitation* et tantôt d'*inhibition* (ou d'arrêt).

Par exemple, voici le cœur qui se contracte. Si l'on excite fortement le gros nerf dit pneumogastrique, qui va au cœur, le cœur arrêtera au lieu d'accélérer ses mouvements. Le nerf pneumogastrique est donc pour le cœur un nerf d'inhibition.

Autre exemple. Voici un individu qui respire régulièrement toutes les trois secondes à peu près. Si l'on vient à lui administrer une douche soudaine d'eau froide sur la tête et sur le cou, aussitôt la respiration s'arrête. Il est suffoqué : le souffle lui manque, et, pendant dix, quinze, vingt secondes, il lui sera impossible de respirer. La respiration a été *inhibée* par la douche froide. L'eau froide provoque par voie réflexe l'arrêt de la respiration.

Ainsi les excitations du système nerveux ont quelquefois un effet tout différent. Tantôt elles excitent, tantôt elles arrêtent le mouvement. Les émotions de la peur sont, elles aussi, tantôt stimulantes, tantôt paralysantes ; et certes les exemples de l'un et l'autre phénomène sont nombreux. Voici un chasseur qui passe dans la forêt avec son chien. Soudain le chien rencontre un lapin, qui détale aussitôt, et avec une rapidité d'autant plus grande qu'il éprouve plus de frayeur. Il sautera pardessus des fossés très larges, passera dans des broussailles presque impénétrables, se heurtera même à des objets qu'il aurait dû éviter, tellement sa course est précipitée par la peur. Si le chien se met à sa poursuite, c'est bien pis encore, et notre pauvre lapin, affolé, saute, bondit de-ci de-là, probablement terrifié, mais devenu, grâce à cette terreur même, plus agile et plus rapide.

Cependant il s'est caché dans son terrier ; et le chien a rencontré un autre lapin. Celui-là, au lieu de fuir, reste coi ; car il a rencontré les yeux ardents du chien fixés sur lui, et cette vue lui a inspiré une telle épouvante qu'il ne peut en détacher ses regards : il se sent presque paralysé, incapable de s'enfuir. Il est *arrêté*, comme disent les chasseurs, et la peur, au lieu de le faire courir, l'empêche de courir.

Ainsi la même émotion de la peur se traduit par une inhibition dans un cas, par une excitation dans l'autre.

Hypothèse assurément que cette comparaison entre l'*arrêt* du gibier et la peur ; mais hypothèse qui me parait acceptable, car de tous les sentiments connus de l'homme, c'est probablement la peur qui doit se rapprocher le plus de ce qu'éprouvent le lapin, la caille, ou la perdrix, quand ils sont mis en arrêt par un chien. Certes, dans la vague conscience que les animaux ont d'eux-mêmes, la peur n'est pas aussi nettement formulée que dans la conscience d'un homme ; mais, autant qu'on peut raisonner par analogie, c'est un sentiment de même nature.

D'autres animaux que les chiens d'arrêt peuvent exercer cette fascination. Qu'un serpent approche d'un petit oiseau, en le regardant fixement, l'oiseau sera comme paralysé et ne pourra s'envoler. Souvent même, dit-on, grâce à cette sorte de fascination, les serpents peuvent ainsi s'emparer de diverses petites proies, rendues inhabiles à la fuite par cette terreur qui anéantit leurs forces.

Eh bien ! la vue d'un serpent, ou d'un animal immonde comme le crapaud, produit souvent sur des personnes nerveuses une impression analogue. Ce n'est pas tout à fait le dégoût, ce n'est pas tout à fait la peur ; c'est un sentiment mixte, qu'on pourrait appeler l'*horreur*, qui fait que tout effort parfois est rendu difficile, presque impossible. C'est une action d'inhibition ; ce n'est plus une action d'excitation.

Tout le monde connaît la vieille et fameuse expérience du père Kircher (1646) sur le *magnétisme des animaux*. Si l'on prend une poule, et qu'on la tienne fixée devant une raie faite à la craie sur le plancher ; la poule restera immobile, dans une sorte de torpeur et de stupidité tout à fait invraisemblables. Est-ce de la peur ? Cela est probable : en tout cas, c'est de l'inhibition, et on voit à quel point la peur et l'inhibition se confondent, puisque les excitations qui arrêtent les mouvements sont celles-là mêmes qui, selon toute vraisemblance, produisent simultanément l'émotion frayeur.

Si je rappelle cette expérience célèbre de Kircher, c'est parce qu'elle a pris récemment une grande importance. On a montré que divers animaux peuvent être par une sorte de fascination

34

rendus stupides et immobiles, et on a pensé que c'était là l'origine des phénomènes du somnambulisme. Le somnambulisme, ou l'hypnotisme des animaux, c'est cette inhibition que provoque un objet brillant, et ce n'est peut-être pas très loin de la peur.

Nous pouvons maintenant nous expliquer comment les réflexes de la peur sont de deux ordres. Il y a les réflexes de stimulation, qui donnent des forces, et les réflexes de paralysie, qui ôtent les forces.

En général, la peur très intense est plutôt paralysante ; au contraire, une peur modérée accroît nos forces. On sait que la colère développe avec une intensité extraordinaire les efforts musculaires. Cela est plus vrai encore pour la peur. Tel individu, qui fuit épouvanté, franchira des obstacles, murs, haies, fossés, dont, en son état normal, il eût été absolument incapable de triompher. De même, un homme en colère, avec une force qu'il ne se connaissait pas, brisera les liens qui l'attachent. A ce point de vue, l'amour est peut-être moins puissant que la peur, et si l'on pouvait imaginer une course entre deux individus de force égale, je crois que l'individu effrayé courrait plus vite que celui qui veut l'atteindre.

Nous n'en avons pas fini avec l'inhibition. En effet, les réflexes peuvent être modifiés par la volonté. Autrement dit, le cerveau et les centres nerveux supérieurs peuvent arrêter, diminuer et ralentir les actions réflexes.

Il semble qu'il y ait un antagonisme entre le cerveau et la moelle épinière qui produit les réflexes. Plus le cerveau est actif, moins les réflexes sont forts, et inversement. Voici une grenouille intacte dont les réflexes, quand on pince sa patte, ont une force, je suppose, de 50 grammes. Si nous lui enlevons le cerveau, ces réflexes, à conditions égales, auront une force double et pourront soulever un poids de 100 grammes.

Les réflexes sont donc d'autant plus rapides et plus intenses que le cerveau agit moins. Cela s'exprime en disant que le cerveau est un appareil d'inhibition pour la moelle épinière et pour les actions réflexes.

En réalité, l'observation de chaque jour et de chaque instant prouve que le cerveau, — c'est-à-dire la volonté, — peut ralentir, affaiblir ou diminuer les réflexes involontaires. Par exemple, la toux provoquée par un corps étranger dans le larynx est un acte réflexe. Assurément elle est bien involontaire. Et cependant, en concentrant toute notre attention, et en faisant des efforts extraordinaires, nous la ralentirons, nous la retarderons, nous en diminuerons l'éclat, la violence. Ce sera la volonté qui affaiblira l'acte réflexe.

Autre exemple. Que l'on approche vivement un objet de notre œil, et aussitôt, par un acte réflexe irrésistible, nous fermerons les paupières. Le clignement de l'œil, à la suite de cette menace infligée à l'œil, est un excellent type d'acte réflexe. Eh bien ! dans ce cas, la volonté est plus ou moins efficace. Quelques personnes, avec un grand effort, arriveront à empêcher leurs yeux de cligner : pour d'autres, ce pouvoir sera facile ; mais d'autres, malgré toute l'énergie de leur volonté, ne pourront y parvenir. Nous dirons alors que le pouvoir d'arrêt du clignement réflexe, ou mieux la force d'inhibition, pour se servir du terme technique, n'est pas le même chez ces divers individus.

Ce pouvoir d'inhibition, c'est la volonté ; ce n'est certainement pas toute la volonté ; mais c'est un de ses éléments les plus importuns, celui qui se rapproche le plus des phénomènes physiologiques simples, et, par conséquent, celui qu'il est bon de prendre pour type quand on étudie la volonté.

Or la peur, réflexe psychique, involontaire et conscient, peut être, dans une certaine mesure, modifiée et entravée par la volonté. C'est là un des phénomènes les plus curieux et les plus mystérieux de l'histoire de cette émotion instinctive.

V

Nous avons achevé les explications physiologiques plus ou moins arides. Maintenant les faits seront faciles à comprendre.

En parlant des réflexes psychiques, nous avons dit qu'ils ne dépendent pas seulement de l'excitation extérieure qui ébranle l'organisme, mais surtout de l'élaboration, par l'intelligence, de cette excitation. Le sifflement d'une balle qui fait trembler le soldat, le rugissement d'un lion qui fait trembler le chien, l'odeur d'un éléphant qui fait trembler le cheval, sont des excitations par elles-mêmes indifférentes. Elles n'ont puissance d'émotion que parce qu'elles tombent sur un organisme intelligent, qui, avec plus ou moins de conscience, comprend ce qu'elles signifient : de sorte que l'intensité de la frayeur ne dépend pas de l'excitation elle-même, mais de la réaction de l'organisme à cette excitation.

A ce point de vue, la peur diffère notablement de la douleur. La douleur d'une brûlure par exemple sera presque tout à fait proportionnelle à la force de la brûlure. Une douleur est d'autant plus vive que l'eau est plus chaude, la surface de peau plus vaste, et la durée du contact plus longue ; mais pour la peur l'excitation ne joue presque aucun rôle, et son intensité n'a aucune influence sur l'intensité de l'émotion. C'est l'organisme qui fait tous les frais de la peur. Une personne craintive se promène le soir dans un endroit isolé : alors pour elle le moindre froissement d'une branche d'arbre va devenir un motif d'épouvante. Cependant ce léger bruit est tout à fait inoffensif ; il n'est effrayant que parce qu'il frappe un organisme très excitable.

La peur dépend de notre excitabilité personnelle, individuelle, qui est essentiellement variable. Il y a des hommes qui sont naturellement braves, d'autres qui sont naturellement craintifs. Les enfants sont en général peureux ; les femmes sont moins braves que les hommes ; les individus nerveux moins braves que les individus flegmatiques.

De même, il y a des animaux braves et des animaux craintifs. Les carnivores, les carnassiers, ceux qui sont agressifs, et dont la destination est de poursuivre, au lieu d'être poursuivis, sont en général peu timides. Je ne veux pas dire qu'ils manquent de prudence ; le renard, le loup, sont d'une prudence proverbiale ; ils sont sauvages, mais ils ne sont pas faciles à effrayer comme le lièvre, le lapin, et les autres animaux inoffensifs dont la seule défense est dans une fuite rapide.

Les rats et les souris sont peut-être les plus craintifs de tous les animaux. Si, près d'un rat mis dans une cage, on fait quelque bruit, aussitôt le rat va tressauter ; à chaque bruit, à chaque ébranlement de sa prison, il va répondre par une émotion générale de tout son être, et un tremblement convulsif. Ce n'est pas à dire qu'il manque de bravoure, mais il est très excitable, plus excitable que les animaux indolents et peu nerveux, comme le lapin domestique, par exemple, ou le mouton, ou le porc.

Et, en vérité, nous avons probablement en tort d'employer, pour différencier les divers individus, les termes de bravoure et de timidité. Tel individu nerveux, craintif, impressionnable, peut être d'une extrême bravoure. Il n'en aura d'ailleurs que plus de mérite ; mais son tempérament sera d'être facile à effrayer, et certes il n'est pas commode de trouver dans la langue un mot pour exprimer cette idée. Telle femme nerveuse pourra accomplir des actes de bravoure extraordinaire ; cela ne l'empêchera pas d'avoir peur. Il faut donc bien distinguer la peur, sentiment dont on n'est pas le maître, et les actes que commande la peur. Il y a dans la peur deux éléments : l'élément sensation, c'est l'émotion provoquée dans la conscience, et l'élément acte, c'est-à-dire la série des actions qu'entraîne cette sensation.

Encore, dans ces actes, faut-il distinguer les actions véritables, les faits exécutés par nous, ou les mouvements organiques, viscéraux, involontaires.

A cet égard, le mot fameux de Turenne, — et peu nous importe qu'il soit réel ou apocryphe, — exprime une vérité psychologique très profonde. Comme la bataille commençait et que les boulets, les biscaïens et la mitraille, tombant avec fracas autour de lui, le faisaient trembler : « Tu trembles, carcasse, se dit-il à lui-même ; tu tremblerais plus encore si tu savais où je vais te mener ! »

En effet, la peur, sentiment, ne peut guère se maîtriser ou se dompter. C'est une émotion irrésistible qui dépend de notre organisation propre et que tous les raisonnements les plus logiques du monde ne parviendraient pas à changer. On dit communément que la peur ne se raisonne pas. Rien n'est plus vrai, et il est remarquable à quel point, pour arrêter les effets de la peur, l'intelligence et les efforts de l'intelligence ont peu d'efficacité.

Je connais telle personne de grande intelligence, à l'esprit ferme et lucide, qui se croirait perdue si elle était forcée d'entrer dans une petite barque. Cependant la mer n'est pas agitée, le trajet à faire est court, la barque est solide, il n'y a pas de vent, les rameurs sont expérimentés. Voilà d'excellents raisonnements. Hélas ! ils n'ont aucune prise. L'émotion est plus forte que tous les arguments que vous pourrez inventer, quoiqu'ils soient irréprochables, et quoique le poltron en reconnaisse parfaitement la force.

Combien d'enfants n'oseraient pas traverser pendant la nuit le petit jardin où ils ont joué tout le jour, où ils savent que nul danger ne les menace, et alors qu'ils ne perdent pas de vue les lumières de la maison paternelle !

Je puis donner un exemple qui m'est personnel, et qui prouve à quel point les émotions de la peur ne se raisonnent pas. Il y a une dizaine d'années, me trouvant à Bade, près de la Forêt-Noire, j'avais pris l'habitude de me promener tout seul le soir jusqu'à une heure avancée de la nuit. Assurément la sécurité était absolue, et je savais très bien que je ne courais nul danger. Et, en effet, tant que j'étais en pleins champs et sur la route, je ne sentais rien qui ressemblât à la peur. Mais, s'il s'agissait de m'enfoncer dans la forêt, absolument sombre, c'était tout autre chose. L'obscurité était profonde, assez profonde pour qu'on vit à peine, à deux pas devant soi, le chemin qu'il fallait suivre. J'y entrais résolument, et je faisais ainsi quelques vingtaines de mètres ; mais, malgré moi, plus je m'enfonçais dans l'ombre, plus la peur me dominait, peur absolument incompréhensible, puisqu'il n'y avait là à coup sûr aucun péril. Je cherchais vainement à triompher de ce sentiment déraisonnable, et je pouvais bien marcher ainsi dans l'ombre pendant près d'un quart d'heure. Mais cette promenade n'avait rien d'agréable, et, malgré moi, quand je revoyais, par une échappée, la clarté du ciel, je sentais un certain soulagement, et il me fallait faire un énorme effort de volonté pour ne point presser le pas.

Ma peur était donc tout à fait sans cause ; je le savais, et, malgré cela, je l'éprouvais tout aussi forte que si elle eût été rationnelle. A quelque temps de là, j'ai voyagé la nuit, seul avec un guide en qui je n'avais aucune confiance, dans les montagnes du Liban ; certes le danger y était bien plus grand qu'aux environs de Bade ; mais je n'avais aucun sentiment de frayeur.

Le seul moyen de combattre la peur, c'est l'habitude. Je l'ai employé avec succès dans le cas que je mentionnais tout à l'heure. D'abord je ne pouvais pas sans un grand sentiment de peur entrer dans la forêt ; puis je m'imposai de faire tous les jours une centaine de pas de plus, si bien qu'à la fin je restais sans être effrayé jusqu'à minuit dans la forêt complètement sombre. Mais ce n'est pas sans un long exercice que je suis arrivé à triompher ainsi de moi-même. Il n'a pas fallu moins de deux mois, presque tout le temps de mon séjour là-bas, pour arriver à l'indifférence ; et je crois bien que maintenant, ayant perdu l'habitude de marcher tout seul la nuit dans une forêt complètement sombre, je ne serais pas sans éprouver quelque frayeur.

Le seul moyen efficace pour avoir raison de la peur, c'est l'habitude. Il en est des émotions morales comme de l'exercice musculaire. Pour être un bon marcheur, il faut être *entraîné*. On fera, je suppose, le premier jour 10 kilomètres, le second jour 11 kilomètres, et ainsi de suite. En augmentant tous les jours d'un kilomètre ou d'un demi-kilomètre, en deux mois, on arrivera à faire, sans se fatiguer, 50 kilomètres par jour. Montaigne raconte quelque part la plaisante histoire d'une femme qui prit sur ses épaules un jeune veau qui venait de naître et le porta ainsi pendant une demi-lieue. Tous les jours elle faisait ce trajet avec le même veau, et elle pouvait le porter encore alors qu'il était devenu un bœuf. Je ne garantis pas la vérité du fait ; et je ne crois pas que l'entraînement arrive à faire dépasser à nos muscles certaines limites de puissance, mais, par l'exercice et l'habitude, il est incontestable que nous arrivons à accroître énormément toutes nos forces physiques ou morales.

Sur la peur, l'habitude a un tel effet, que rien de ce qui nous est habituel ne peut nous effrayer. L'habitude émousse les émotions les plus fortes, et la peur en particulier. Il n'est pas de danger habituel qui puisse produire de la frayeur. De là la facilité et la fréquence de ce qu'on appelle le courage professionnel.

Je ne voudrais certes pas en médire, mais ce courage n'est pas du vrai courage ; c'est de l'habitude. Le matelot, sur son navire battu par la tempête ; le médecin, la sœur de charité, l'infirmier, dans un hôpital encombré de cholériques, de pestiférés et de varioleux ; le chimiste et le physiologiste, au milieu des virus, des corps explosifs et des poisons ; l'aéronaute dans sa nacelle ; le couvreur sur son toit ; le *toréador*, le *picador* et le *banderillero* dans l'arène : ions ces braves n'ont pas à faire preuve de bravoure. Ils n'ont pas peur. Le sentiment du danger inconnu, qui est au fond de toute frayeur, n'existe pas pour eux. Et ils ne raisonnent pas plus leur absence de frayeur que d'autres qui seraient effrayés ne pourraient raisonner leur frayeur. L'habitude est là qui les empêche d'avoir peur. Je crois bien que le jeune matelot qui n'avait jamais mis le pied sur la planche d'un navire a eu probablement quelque émotion, s'il a, dès le début de sa navigation, assisté à une tempête un peu sérieuse. Mais l'habitude est venue, et, avec l'habitude, l'émotion s'est émoussée ; de sorte que les uns et les autres n'ont plus de frayeur. Les ouvriers et ouvrières qui fabriquent de la poudre ou de la dynamite sont parfois d'une imprudence telle, et ils ont tellement peu de crainte d'un danger qu'ils connaissent admirablement, mais auquel ils sont habitués, qu'on est forcé de les protéger contre eux-mêmes et de prendre des mesures rigoureuses pour les empêcher de fumer et de manier du feu près de la poudre. De même encore, dans les mines, les ouvriers mineurs ne prennent pas les précautions nécessaires contre le grisou, contre les éboulements. Ils connaissent le danger ; mais, comme il s'agit d'un danger habituel, ce danger ne peut plus leur inspirer de crainte.

Le courage professionnel, si tant est qu'il soit vraiment du courage, est le plus facile de tous : aussi le rencontre-t-on toujours et presque sans exceptions. Le vrai courage, ce serait d'affronter sans crainte un danger dont on connaît toute l'importance et dont on n'a pas pris l'habitude. Le couvreur, si brave sur son toit, ferait peut-être une piteuse figure au fond d'une mine ; et je ne sais si le plus brave des mineurs serait très rassuré en se voyant juché au milieu des cheminées, presque à pic, à une quarantaine de mètres au-dessus du sol. Rien n'est variable comme la peur. Elle dépend de l'individualité ou plutôt de l'*excitabilité* de chaque individu. C'est un terme technique en physiologie, mais c'est le seul qui exprime bien mon idée. Chaque individu a son excitabilité propre qui dépend de son état physiologique et moral et qui n'est pas la même pour les diverses excitations. Je croirais volontiers que tout homme est plus ou moins capable de frayeur ; mais que cette frayeur est causée chez les uns et les autres par des motifs différents. Celui-là a peur des poisons, tel autre a peur des bateaux, tel des ponts et des montagnes, tel autre des serpents. Un autre aura peur de l'obscurité, un autre encore du tonnerre, et chacun trouvera d'ans l'ensemble des excitations qui frappent ses sens celle qui sera plus spécialement apte à provoquer en lui de la peur.

Et même l'excitabilité de chaque individu est assez variable suivant le moment de la journée, suivant l'état de santé ou de maladie. Selon qu'on est à jeun ou qu'on vient de dîner, les idées ne suivront pas le même cours. Un convalescent, débilité par une longue affection nerveuse, sera sans doute plus accessible à la peur que quand il était robuste, bien portant, sortant de table.

Mais ce qui augmente énormément l'intensité de la peur, c'est l'attention, c'est l'imagination. En effet, pour tous les réflexes psychiques, l'excitant en lui-même n'est rien : c'est la réaction de l'organisme qui fait tout. L'image visuelle ou auditive qui frappe nos sens n'est rien, tant qu'elle n'est pas transformée, élaborée par l'intelligence de manière à devenir finalement une image effrayante.

Voici un enfant qui se promène la nuit sur une route : il voit un linge blanc qui se balance : aussitôt il s'imagine que ce linge blanc est un fantôme qui le poursuit, et il se sauve, pénétré d'épouvante ; c'est son imagination qui a tout fait, et, si son imagination n'avait pas amplifié et démesurément agrandi l'image réelle, il n'aurait eu aucune peur.

L'imagination est toute-puissante : elle ne se borne pas à des associations d'idées ou à des amplifications d'images ; elle est capable de construire un édifice tout entier, compliqué, hérissé d'images effrayantes, ou attristantes, ou lamentables, qui toutes aboutissent au même résultat, c'est-à-dire à faire grandir la peur.

J'ai connu un malheureux individu, d'intelligence il est vrai au-dessous de la moyenne, à qui une mission fut confiée pour passer vingt-quatre heures dans une ville où sévissait le choléra. Je l'ai vu gémissant, pleurant, se lamentant. L'hôpital, les corbillards, les cadavres violacés, l'agonie dans un fit de douleurs, toutes ces idées remplissaient son imagination au point qu'il ne pouvait s'on délivrer. Ce fut une obsession incessante qui l'empêcha d'aller là où il devait aller. On peut dire pour l'excuser que ce travail irrésistible de son imagination était la cause même de sa peur.

Peut-être, en fait de bravoure, nous faudrait-il tous, les uns et les autres, être plus modestes que nous ne le sommes d'habitude, et convenir que souvent être brave, c'est manquer d'imagination. Deux voyageurs cheminent ensemble dans un pays inconnu. Pierre n'a pas d'imagination, il ne songe pas aux animaux féroces, aux indigènes, plus féroces que les animaux, aux périls de la faim et de la soif, au danger de perdre sa route ; il ne pense qu'à activer le pas de sa monture pour arriver plus vite. Mais, par malheur, Paul a de l'imagination. Alors, malgré lui, il pense aux lions, aux tigres qui sortent d'un hallier, aux indigènes qui lancent des flèches empoisonnées, aux affreux supplices qui sont réservés aux prisonniers. Il ne peut s'empêcher de détailler dans sa pensée ces divers supplices, il se sent déchiré lambeau par lambeau ; et alors, ému par tous ces tableaux que son imagination lui présente avec une extraordinaire vivacité d'images, il a peur : il tremble. Si Pierre avait ces mêmes idées, ce Pierre qui paraît si brave aurait peur, lui aussi, et tremblerait tout comme Paul.

En pareil cas, l'imagination se confond presque avec l'attention. L'attention excite la peur comme elle excite toutes les émotions. Faire attention à une image, c'est, par cela même, la grandir, la développer, la rendre importante, prépondérante, lui donner du relief, de l'éclat, de la force.

Supposons qu'on dise à quelqu'un : « Je vais vous faire ici, en ce point de la peau, une piqûre d'épingle ; elle ne sera pas bien douloureuse, mais enfin ce sera une piqûre. » Pendant quelques minutes la piqûre d'épingle est toujours là, menaçante : toute la force de notre attention y est portée, et alors finalement, cette piqûre, inoffensive au fond, deviendra presque douloureuse. Si cette même piqûre nous avait surpris sans que nous eussions eu le temps de la méditer, de réfléchir sur elle, de concentrer toute notre attention sur cette blessure insignifiante, elle aurait peut-être passé inaperçue. Mais, de par l'attention, elle est devenue très forte.

De même pour la peur. On peut s'y préparer, et cette longue préparation contribuera à redoubler la frayeur. C'est un cruel supplice que celui des malheureux qui doivent bientôt subir une opération. Encore à présent, grâce au bienfait de l'anesthésie chirurgicale, — assurément un des plus grands services que les médecins aient rendus à l'humanité, — grâce, dis-je, à l'anesthésie, les opérations ne sont plus douloureuses, et la terreur qu'elles provoquent est assez peu justifiée. Mais autrefois la longue méditation du moment terrible rendait la terreur encore plus forte. Quand un criminel est condamné à mort, on a cette humanité de lui épargner le supplice de l'attente ; et c'est à peine si deux heures s'écoulent entre le moment où il est averti qu'il va mourir et le moment où il meurt.

Ainsi, comme l'imagination, l'attention est un appareil d'excitabilité, c'est-à-dire qu'elle rend extrêmement sensibles à la peur des individus qui, sans cela, auraient été d'une insolente bravoure.

Il est vrai que l'attention est, jusqu'à un certain point, volontaire. On peut, dit-on parfois, distraire ses pensées et songer à autre chose. Le conseil est facile à donner, mais en vérité il n'est pas facile à suivre. On conseille à quelqu'un qui a mal aux dents de ne plus penser à son mal. Mais vraiment est-ce possible ? J'en appelle à ceux qui ont souffert. Est-ce que le condamné à mort, quand l'arrêt de mort lui a été notifié, peut songer à autre chose qu'à la minute finale qui tranchera sa vie ? Est-ce que le passager, surpris par la tempête, ballotté par une mer furieuse, peut penser à autre chose qu'au danger d'être englouti dans l'abîme ?

L'attention ne se commande que quand il s'agit d'images indifférentes. Les images violentes, les émotions fortes commandent l'attention et ne sont pas commandées par elles.

L'attente de la peur, c'est-à-dire, en termes un peu différents, mais en idées semblables, l'attention à la peur, c'est presque la peur elle-même. De même qu'une douleur inattendue est bien moins intense qu'une douleur attendue, de même une peur survenant à l'improviste est bien moins forte qu'une peur qu'on a méditée à loisir. Il est probable, — et fort heureusement, car j'aurais grande peur, — que je ne verrai jamais de fantôme ; mais, si je devais en voir un, j'aimerais mieux être surpris par cette vision survenant inopinément que d'avoir la certitude que le fantôme viendra me visiter à tel jour et à telle minute.

En somme, de quelque côté que nous envisagions le problème, nous trouverons que la peur, en tant que sensation, en tant qu'émotion de la conscience, dépend uniquement de notre excitabilité individuelle. Elle est donc tout à fait indépendante de la volonté. Cependant la volonté peut intervenir ; mais, quelque puissante qu'on la suppose, elle ne peut rien sur nos sentiments, elle n'agit que sur les actes, et c'est cette influence sur nos actes qui caractérise le plus ou moins de volonté.

Prenons l'exemple du soldat qui, entendant siffler les balles autour de lui, ressent une forte frayeur. Il ne pourra rien sur son émotion et sur sa frayeur, assurément légitime. Mais il pourra, par un effort de volonté, ne pas s'enfuir et continuer à marcher en avant. Il faudra peut-être un effort de volonté, plus puissant encore, pour arrêter le réflexe psychique qui consiste à baisser la tête. Toutefois ce mouvement, involontaire sans doute dans une certaine mesure, est quelque peu volontaire, puisque avec une volonté forte on peut l'arrêter et l'empêcher de se produire. De même que la volonté peut empêcher la toux, le clignement, de même elle peut arrêter les actes réflexes psychiques. La volonté est donc en quelque sorte l'équivalent du pouvoir d'inhibition. Ce pouvoir est variable chez les divers individus, et c'est en cette variabilité que consiste le plus ou moins de bravoure des individus.

Sur dix soldats, dix soldats auront, par l'effet de la peur, une impulsion presque réflexe à la fuite. Or, chez ces dix soldats, la peur sera, je suppose, tout à fait égale, en tant qu'émotion intérieure. Cependant il n'y en aura que cinq qui vont s'enfuir. Les cinq autres, plus courageux, resteront exposés au feu, continueront à se battre et essaieront de marcher en avant. C'est que, chez ces cinq braves, le pouvoir d'inhibition a été plus fort que l'émotion frayeur, et par conséquent, la frayeur étant domptée, ils ne se sont pas enfuis.

Il semble donc qu'il y ait lutte, antagonisme entre deux forces contraires : d'une part, l'émotion, qui incite à certains actes ; d'autre part, la volonté, ou puissance d'inhibition, qui empêche ces actes.

Ce serait entrer dans une digression trop longue que d'analyser dans tous ses détails ce phénomène de volonté. Il semble que, lorsque nous sommes ébranlés par une émotion, cette émotion ne puisse être combattue avec succès que par une émotion inverse : par exemple, dans le cas qui nous occupe, pour le soldat sur le champ de bataille, l'honneur du drapeau, le sentiment de la dignité personnelle, la présence des chefs et des camarades, l'idée du devoir et de la discipline, la crainte d'un châtiment, l'amour de la patrie, l'espoir d'une récompense, que sais-je encore ? il faut des images ou des émotions pour contredire l'émotion frayeur. Opposées à celle-ci, elles triomphent d'elle, chez les cinq soldats, je suppose, qui restent fermement au feu, alors qu'elles sont, chez les cinq soldats qui s'enfuient, inférieures en intensité à la frayeur qui les fait courir et s'enfuir.

Il y a donc chez tous les hommes un pouvoir d'arrêt qui empêche les émotions d'exercer leur influence. Mais ce pouvoir d'arrêt est extrêmement variable. Les gens dont on dit que la volonté est forte la possèdent à un haut degré, tandis que d'autres sont tout à fait incapables de réagir. Je connais telle personne qui ne peut résister à *l'impression du moment*, comme on dit. Nulle force de réaction ou de résistance aux émotions diverses qui viennent l'atteindre. Comme la girouette balancée par les vents, qui suit docilement leur impulsion, de même il se laisse mener en tous sens par les sentiments, bons ou mauvais, qui l'animent. Les images antérieures n'ont aucun pouvoir pour l'arrêter : il est conduit au lieu de conduire. Ainsi l'a dit un poète :

> *Ce n'était pas Rolla qui gouvernait sa vie,*
> *C'étaient ses passions ; — il les laissait aller,*
> *Comme un pâtre assoupi regarde l'eau couler.*
> *Elles vivaient ; — son corps était l'hôtellerie*
> *Où s'étalent attablés ces pâles voyageurs.*

Heureux ceux dont la volonté est assez forte pour résister à l'émotion involontaire et empêcher que l'acte suive fatalement l'émotion ! Ceux-là sont les énergiques, les puissants, les braves.

Quelquefois cette absence de volonté est poussée si loin qu'elle constitue presque une véritable maladie mentale. C'est ce qu'on a nommé l'*aboulie*, ou impuissance de vouloir. Chez beaucoup d'aliénés, on voit la maladie commencer par ce symptôme. Les hystériques notamment sont presque toujours incapables de résister : elles se laissent mener par la passion et la fantaisie, que ce soit amour ou haine, dégoût ou frayeur. Le *moi* volontaire a abdiqué.

La volonté est une véritable force psychique qui peut être accrue, diminuée ou abolie. Et même elle est très fragile. Il suffit d'une dose faible de poison pour anéantir cette propriété de résistance. Un peu d'absinthe, ou d'alcool, ou de hachich, et l'émotion règne en souveraine sans rencontrer de résistance.

J'ai raconté ici même ce qu'il m'advint un jour après avoir pris du hachich. Un de mes amis voulut me piquer avec une épingle pour savoir si ma sensibilité tactile était altérée ; mais j'en ressentis une telle frayeur que je me mis à ses genoux, tout éploré, en le suppliant de ne pas m'infliger ce cruel martyre. Nulle volonté dirigée par la raison n'existait plus en moi pour mettre un obstacle à l'émotion psychique.

Quelque efficace que soit chez certains hommes le pouvoir d'arrêt sur les mouvements de la vie extérieure, la volonté ne va pas jusqu'à arrêter les mouvements organiques. Le soldat qui entend siffler les balles peut à la rigueur ne pas baisser la tête. Il peut, par un effort de volonté, ne pas s'enfuir, quoiqu'il en ait grande envie. Il ne pourra pas s'empêcher de trembler, de pâlir, d'avoir de grands battements de cœur, avec une sueur froide par tout le corps. Sur ces actes réflexes, viscéraux, la volonté est sans prise. De même qu'on ne peut s'empêcher de rougir, ce qui est parfois fort incommode pour les très jeunes gens, de même on ne peut s'empêcher de pâlir. Cela est tout à fait indépendant de nous. La pâleur de la face, indice manifeste de terreur, ne peut être combattue, et il serait bien injuste de reprocher à un individu qui court un grand danger sa pâleur et son tremblement.

Car ni la pâleur ni le tremblement ne peuvent être empêchés par la volonté, si énergique qu'on la suppose. Turenne tremblait : il n'était pas un lâche assurément. Le brave Bailly, conduit à l'échafaud, tremblait peut-être de froid ; mais la peur y était aussi pour quelque chose, je m'imagine ; et il serait bien sot de s'en indigner.

Il y a donc deux sortes de bravoure : la bravoure de l'individu qui n'a pas peur, — celle-là est facile et peu méritoire ; — et la bravoure de l'individu qui a peur.

Celui qui n'a pas peur est fort heureux ! Que sa bravoure soit naturelle, ou conquise par l'habitude, il ne s'inquiète pas des dangers qui le menacent. Il conserve son sang-froid. Il est maître de lui. Il ne tremble pas. Il ne pâlit pas. Son cœur ne bat pas plus vite ou plus lentement que de coutume. C'est un brave.

Mais celui qui pâlit et qui tremble, et dont le cœur bat avec force, tumultueusement, avec une grande angoisse tout intérieur, peut être un brave, lui aussi. Il a grand désir de s'enfuir, de se soustraire au danger ; il sent une émotion profonde l'envahir, et cependant il reste à son poste, résolu, calme en apparence. Sa pâleur seule et son tremblement décèlent l'anxiété qui le ronge. Qui aura le droit de refuser à celui-là l'honneur d'être un brave ? A mon sens, il sera plus brave que tout autre. Mais, quoique j'aie grande estime pour lui, j'aurai peu de confiance ; car son effort d'héroïsme peut tout à l'heure être vaincu, et la vertu, si belle qu'elle soit, est moins solide que l'absence d'émotion.

Quant à celui qui, pris de peur, s'enfuira à toutes jambes, certes celui-là n'est pas un brave, et son éloge n'est pas à faire. Mais il faudra être indulgent pour lui. Qui sait si l'on n'aurait pas pu, avec quelques paroles d'encouragement ou d'enthousiasme, ou bien en l'habituant au danger, vaincre sa sensibilité native ? Pour les faiblesses humaines il faut être pitoyable : — c'est là, je crois, la clé de la sagesse. — Les plus braves ont sans doute en aussi leur moment de défaillance ; et, s'ils ne l'ont pas en encore, un jour viendra, peut-être, où, surpris par une émotion violente, soudaine, irrésistible, ils ne seront pas assez forts pour triompher d'eux-mêmes.

VI

Quelle est la raison d'être de la peur ? D'où vient-elle ? Pourquoi cet étrange et odieux sentiment a-t-il été par la nature imposé à l'homme et aux animaux ?

Disons-le tout d'abord. Aucun des sentiments naturels n'est vain. Tout a un but. Quelle que soit la théorie qu'on adopte pour expliquer l'origine des êtres, on sera toujours forcé de reconnaître qu'il y a une finalité à tout ce qui est en nous, organes ou fonctions des organes. Pour notre part, nous croyons que cette finalité est due à la sélection, qui a permis de vivre à certains êtres, et qui a anéanti tous les autres. Ceux-là ont vécu dont les sentiments étaient adaptés aux conditions d'existence, tandis que ceux dont les sentiments, ou émotions instinctives, ne protégeaient pas la vie, ont succombé dans la lutte.

Plus on étudie les conditions générales de la vie des êtres, — et rien n'a plus d'attrait que cette étude, — plus on voit que tout en eux se conforme à une loi générale, qui est la *loi de vivre*. C'est une loi impérieuse qui domine tout. Il semble que tous les animaux aient reçu l'ordre, la consigne pour ainsi dire, de vivre et de perpétuer l'espèce ; Et alors toutes les fonctions, tous les actes, toutes les émotions, viennent se grouper autour de cette tendance rigoureuse, inexorable, qui est le vrai mobile, et le mobile unique, de toute action d'un organisme vivant.

Vivre, voilà la loi. Mais, pour vivre, il faut être protégé contre les ennemis, les ; obstacles, les périls de toute espèce. Les émotions sont chargées de cet office. Aussi toutes les émotions répulsives sont-elles émotions de protection.

La douleur est une émotion protectrice, car elle nous avertit de l'état de nos organes, empêche leur usure, leur fatigue, leur épuisement ; elle nous avertit des blessures et des objets qui peuvent blesser ; De même, le dégoût nous montre où est le poison, où est L'animai immonde ; c'est encore un instinct de protection. La peur nous montre où est le danger ; et de plus elle nous donne la haine du danger ; elle nous force à fuir ce danger : c'est, comme la douleur, comme le dégoût, un instinct de protection.

Et, en vérité, nous avons besoin d'être protégés. S'il n'y avait que notre intelligence, livrée à elle-même, pour nous avertir du danger ; nous serions bien souvent en péril, et notre existence serait étrangement raccourcie. Un homme, au détour du chemin, se trouve tout à coup en face d'un lion qui rugit, montre son immense gueule aux crocs acérés, et fouette l'air de sa queue. Est-ce que l'homme va faire les raisonnements suivants ? « Ce lion est un carnassier qui mange les hommes ; donc il va essayer de me manger ; donc ce qu'il y a de mieux à faire, c'est de m'enfuir. » Vraiment non, notre homme ne construira pas tous ces excellents syllogismes : il les fera plus tard peut-être, quand il se sera mis en lieu sûr ; mais tout d'abord, avant de réfléchir, il aura peur, très peur, et il se sauvera en toute hâte. Il semble que la nature soit en grande méfiance de notre intelligence. Elle a voulu, parait-il, lui faire pour la protection de nous-mêmes une part toujours assez petite. D'abord l'émotion : puis, plus tard, l'intelligence. Les blessures qui font couler le sang sont funestes à l'organisme ; mais, s'il fallait être convaincu de ce péril pour s'en préserver, il y a longtemps que les hommes auraient disparu de la terre. Ils ne seraient ni assez raisonnables, ni assez savants, pour comprendre combien il est dangereux de perdre du sang. La nature a fait plus simplement : elle nous a donné la sensibilité à la douleur, de telle sorte que nous évitons de nous blesser, non pas parce que nous savons que la blessure fait couler le sang, et que le sang est nécessaire à la circulation et à la vie, mais pour une raison bien plus claire, parce que cela nous fait mal. De même, nous ne nous exposons pas au danger, non pas parce que c'est un danger, —

c'est là une idée abstraite qui touche peu, — mais parce que nous avons peur.

Si les poules n'avaient pas peur du renard, depuis longtemps les renards auraient mangé toutes les poules de la terre ; car il aurait fallu plus de puissance intellectuelle que n'en peut avoir une pauvre poule pour comprendre que le renard est un animal dangereux, qu'il faut ne pas le fréquenter, et que le mieux à faire, quand il arrive, est de s'envoler ou de se cacher. Toute cette intelligence est inutile. La poule a peur, et elle se sauve, sans avoir besoin de réfléchir.

Il y a dans la peur deux éléments : la sensation ; c'est-à-dire l'émotion intérieure, perçue par la conscience ; et l'acte réflexe. Tous les êtres ont le réflexe de la peur, en tant que mouvement ; mais l'émotion, autant du moins qu'on peut le supposer, ne paraît pas être chez tous. Il faut admettre que plus l'intelligence est développée, plus cette émotion intérieure est puissante. C'est un don parfois malheureux que l'intelligence. Les êtres inférieurs, inintelligents, et doués d'une conscience obscure, incertaine, ne ressentent ni la douleur, ni la peur, avec autant de force que l'homme. Hypothèse, encore assurément, car rien ne me fera connaître l'intérieur de la conscience d'un animal ; mais hypothèse très vraisemblable. Quand Brutus, la veille de la bataille de Philippes, a vu le fantôme de César, il a eu certes une peur plus vive, une émotion de la conscience plus profonde, plus intense, plus longue, que n'en peut avoir une perdrix surprise brusquement par le faucon dans un champ. J'ai dit jadis, en parlant de la douleur, — et je n'ai pas été contredit, — la douleur est une fonction intellectuelle, d'autant plus vive que l'intelligence est plus développée. Eh bien ! aujourd'hui j'en dirai autant de la peur. Pour avoir une peur profonde, il faut une conscience du *moi* très précise. L'intelligence, en se développant, développe la conscience, et, par conséquent, la faculté de douleur ou d'épouvante.

En passant de l'animal à l'homme, le sentiment de la peur se transforme, se généralise. Chez l'animal, cette peur est instinctive, ne comportant aucune idée : la poule a peur du renard, sans savoir que le renard peut la manger ; le goujon a peur du brochet, sans réfléchir à la voracité du brochet ; le cheval fait un écart au bruit du tonnerre, sans savoir que la foudre est capable de le tuer. Ils ont peur sans savoir pourquoi, peut-être même sans bien savoir qu'ils ont peur, tandis que l'homme, dont la conscience est très développée, a une parfaite connaissance de sa peur. Tous deux, l'homme et l'animal, ont à un même degré l'amour de la vie, la haine de la mort et la crainte en face du danger. Mais, chez l'animal, cette notion est tellement vague et indistincte qu'elle existe à peine ; elle ne se traduit que par des actes dont la signification échappe à l'acteur même, tandis que cette même notion, chez l'homme, devient précise, raisonnée, consciente. C'est une idée extrêmement claire, la plus claire peut-être de toutes nos idées. En tous cas, c'est le mobile le plus puissant. Chez l'animal, l'instinct de la conservation est presque limité à des réactions élémentaires, tandis que chez l'homme le même instinct est devenu plus complexe. Tout un ensemble d'émotions et d'idées s'y rattachent. Ce n'est plus une réaction émotive passagère. La peur a créé en nous l'amour de la vie.

La peur, chez l'animal, est surtout une réaction motrice. Chez l'homme, par suite de son intelligence, c'est en même temps une émotion de la conscience. Ce que nous appelons l'instinct de la conservation n'est qu'une des formes de la peur. Un homme à qui on appuie un poignard sur la poitrine a peur, parce qu'il sent que sa vie est en danger. Une émotion violente s'empare de tout notre être quand nous nous sentons en face de la mort, et cette émotion est irrésistible. Nous avons beau faire, nous tenons à la vie, et nous y tenons par la peur, car la mort nous lait peur, et même toute peur suppose l'image de la mort, plus ou moins consciente. Plutôt souffrir que mourir, disait le bûcheron de La Fontaine, et La Fontaine s'extasie sur le mot de Mécénas, qu'il trouve *si beau* qu'il ne veut pas l'omettre :

... pourvu qu'en somme

Je vive : c'est assez ; je suis plus que content.

Ne viens jamais, ô Mort ! on t'en dit tout autant.

Cet amour de la vie, cette peur épouvantable de la mort, tout homme les porte en lui. Il faut un réel courage pour faire violence à ce grand instinct, si général et si profond, que c'est la base même de toutes nos tendances. L'homme qui appuie le poignard sur sa poitrine, et qui l'enfonce, fait un acte vraiment héroïque, un sublime sacrifice, le sacrifice qui coûte le plus, celui de la vie.

A Dieu ne plaise que je veuille réhabiliter le suicide ! C'est le plus souvent une folie, en ce sens que ce sont les fous ou les ivrognes qui se tuent. J'accorde volontiers que c'est presque toujours une sottise, car l'avenir est incertain et nous réserve peut-être, après nos douleurs, des compensations inattendues. Mais, en tout cas, le suicide, mûrement résolu et froidement accompli, n'est pas une lâcheté, comme on le répète, sans y songer, depuis Rousseau. C'est, au contraire, un acte de grand courage. Celui qui peut vaincre à ce point l'instinct, celui-là est vraiment un brave. Il a su triompher du sentiment le plus fort qui soit dans l'homme : l'amour de la vie.

L'amour de la vie, c'est la peur de la mort : de sorte que la peur est l'émotion salutaire qui nous empêche de prodiguer notre existence à tout bout de champ, sans cause. Chez l'homme et l'animal, la loi est la même ; mais l'homme peut la comprendre, tandis que l'animal la suit aveuglément et s'y conforme, sans savoir ni pourquoi ni comment.

On peut donc établir ainsi la progression suivante :

D'abord l'animal, par un acte réflexe simple, réagit aux excitations qui menacent sa vie ; et ce réflexe est admirablement approprié aux nécessités même de son existence.

Puis l'acte réflexe devient de plus en plus compliqué ; c'est un mouvement d'ensemble : la fuite, le cri, le tremblement.

Puis, l'animal devenant de plus en plus intelligent, l'émotion accompagne l'acte, de telle sorte que, non-seulement l'animal réagit aux excitations qui le menacent par un mouvement de fuite, mais encore il éprouve une émotion de la conscience qui est la peur. C'est une machine, comme les animaux sans conscience, mais c'est une machine sensible où la conscience et l'émotion coïncident.

Enfin, chez l'homme, un degré supérieur de perfection apparaît. A côté de l'acte, à côté de l'émotion, vient se montrer l'intelligence, de sorte que l'homme comprend pourquoi il a peur. Il peut raisonner sur l'amour de la vie, développer et expliquer ce sentiment. C'est donc une machine à la fois sensible et intelligente.

En résumé c'est l'acte protecteur qui commence. Puis vient l'émotion conforme à cet acte. Puis arrive l'intelligence qui développe cette émotion et qui complique cet acte.

VII

L'étude des réactions de l'animal montre à quel point tous les mouvements instinctifs provoqués par la frayeur sont exactement conformes à la nécessité de vivre, que la nature impose à chacun de ses enfants.

Vienne un danger, quel qu'il soit, il faut s'y soustraire. De là pour un animal quelconque, deux moyens ; ou bien s'enfuir précipitamment, ou bien se tenir coi, immobile, retenir son souffle et rester caché.

Donc à la peur deux modes de réaction : la réaction de la fuite, et la réaction de l'immobilité. Supposons des animaux très intelligents, surpris par un grand danger : c'est en réalité à l'un ou l'autre de ces deux partis qu'ils devront se résoudre. Eh bien ! leur instinct supprime cette délibération, et la peur instinctive les fait fuir ou rester immobiles. Un animal surpris par un danger, tantôt s'enfuit éperdument, aussi vite que ses forces le lui permettent, tantôt se cache, comme paralysé. Quand la perdrix est surprise par un chien, tantôt elle s'envole, tantôt elle est arrêtée ; et alors, l'œil fixe, elle regarde ce terrible ennemi sans pouvoir bouger et s'envoler. Est-ce que par hasard on va croire qu'elle a médité cette immobilité silencieuse, et qu'elle se dit : « Gardons-nous de révéler notre présence, restons dans le buisson, pour que ce monstre ne nous saisisse pas. » Non, certes. Elle est anéantie par la peur ; et cette peur qui la paralyse est une émotion que la peur lui a imposée, suppléant ainsi à l'impuissance de son intelligence. L'instinct la force à rester immobile ; car cette immobilité peut faire son salut.

Je serais tenté de croire que l'action paralysante, stupéfiante, de la peur, qui se manifeste chez l'homme comme sur l'animal, est quelque chose d'analogue à l'immobilité forcée de la perdrix qui est arrêtée par le chien de chasse, du petit oiseau qui est fasciné par le serpent. C'est un instinct salutaire, qui s'est transmis probablement de l'animal à l'homme, et qui, s'il n'a guère de raison d'être pour l'homme, au moins en avait une très évidente chez l'animal. Il faut ne pas faire de bruit, ne pas donner l'éveil à l'ennemi, qui est là tout près ; il faut se tapir, se dissimuler, se dérober à la vue ; car Je silence est un moyen plus sûr que la fuite. Je m'imagine que c'est là peut-être l'origine de la forme que prend l'émotion de la peur, quand elle nous paralyse, faisant vaciller nos jambes, arrêtant notre respiration, et nous empêchant de fuir.

Chez certains animaux même, cette réaction d'immobilité est si complète qu'elle simule la mort. Il est des insectes, des chenilles, des coléoptères, des araignées, qui, lorsqu'on les touche, ce qui est pour eux toujours l'indice d'un grand danger, *font le mort*, se mettent en boule, immobiles, inertes, ne réagissant plus, si bien qu'on croit les avoir tués.

Chaque animal a sa manière de réagir spéciale : le papillon s'envole en détours capricieux ; la tortue rentre dans sa carapace ; l'abeille, surprise par un ennemi, le pique avec son aiguillon ; le poulpe vide sa poche d'encre ; le hérisson se roule en forme de boule ; d'autres animaux poussent des cris perçants. Ce sont là toutes réactions qui représentent des moyens de défense divers. Est-ce que l'émotion de la peur les accompagne ? Nous ne le saurons sans doute jamais ; car le problème le plus mystérieux de la psychologie, c'est probablement la connaissance de la conscience des animaux. Cette conscience, est, croyons-nous, très obscure ; mais elle va peut-être jusqu'à une vague frayeur. Qui sait si l'abeille, qui, prise entre nos doigts, nous pique vivement de son dard acéré, n'a pas un certain sentiment de frayeur ?

Le tremblement produit par la peur est difficile à expliquer. Darwin avait déjà fait remarquer que, pour un animal, le fait de trembler est nuisible

70

plutôt qu'utile, et que, par conséquent, au point de vue de la sélection naturelle, il est difficile à expliquer.

Certes, quand Darwin s'est reconnu impuissant à donner la raison d'un phénomène, il ne faut guère, après lui, espérer trouver une solution satisfaisante. Cependant on peut, ce me semble, dans une certaine mesure, assimiler le tremblement à la paralysie. Le défaut d'incitation nerveuse, qui amène l'affaiblissement et l'impuissance musculaires, se caractérise par le tremblement comme par l'immobilité, de sorte que dire que la peur fait trembler, c'est à peu près comme si l'on disait que la peur paralyse. Ainsi la peur qui fait trembler amène l'impuissance absolue du mouvement : c'est donc un phénomène d'inhibition.

Le frisson est un des symptômes les plus constants de la peur ; et, chez la plupart des quadrupèdes, la frayeur est caractérisée par un tremblement plus ou moins général. Nous avons tous vu des chiens craintifs qui, dès qu'on les menace, ont un tremblement convulsif général de tous les muscles du corps.

Il n'est d'ailleurs pas impossible que les émotions fortes, par suite de la disposition du système nerveux, provoquent certains symptômes qui n'aient aucune utilité pour l'organisme. L'organisme est contraint de réagir à toute excitation très forte, et cette réaction peut être défavorable à la vie même de l'animal. D'une manière générale, toute réaction a sa raison d'être ; mais il en est sans doute qui sont physiologiquement nécessaires, quoique inutiles et peut-être à certains égards funestes, de sorte que, dans la lutte pour l'existence, c'est malgré certaines réactions spéciales, et non à cause de ces réactions, que l'animal a pu triompher. Quant aux cris poussés par les animaux effrayés, l'origine en est bien obscure encore. Il est possible qu'un cri brusque et retentissant surprenne l'animal qui attaque et permette ainsi à la victime de se dégager et de s'enfuir. Mais ce ne sont là en somme que des inductions, et il vaut mieux s'en tenir à la psychologie de l'homme, qui est fondée sur des bases plus solides, le témoignage de la conscience.

VIII

Quelles sont les causes de la frayeur ? Autrement dit, quels sont les objets qui nous effraient, et dans quelles conditions ?

Il faut laisser de côté toutes les causes raisonnables et raisonnées de frayeur. Quand nous comprenons que la vie est menacée, notre peur est très explicable, et résulte de la connaissance même du danger présent. Un homme qu'on attache à la gueule d'un canon chargé éprouve certes une forte frayeur ; mais cette frayeur, très légitime, n'est pas *naturelle*, dans le sens zoologique du mot. Il a peur, parce qu'il sait que sa vie est en danger et que tout ce qui menace sa vie l'effraie ; mais c'est une peur réfléchie, raisonnée, intelligente.

Pour l'homme, c'est-à-dire le seul être dont l'intelligence soit capable de porter un jugement sur la cause des phénomènes, les peurs raisonnées sont la peur de la mort, la peur de la douleur, et la peur de la mésestime.

La peur de la mort est le sentiment le plus fort de tous les sentiments humains, et c'est à cet instinct que se ramènent tous les sentiments de frayeur, qu'ils soient conscients ou non.

Quant à la douleur, même quand elle n'est pas mortelle, elle est un motif de peur. Par exemple, la peur qu'inspire au patient une opération chirurgicale est très vive, très excusable aussi. Une autre peur raisonnée, et d'une nature plus étrange, c'est la peur de la mésestime. L'orateur qui va prononcer un discours ; le poète qui va lire ses vers, l'acteur qui va jouer son rôle devant un grand auditoire, ont, les uns les autres, un sentiment d'effroi, de crainte, qui est véritablement de la peur. L'habitude émousse cette sensation ; et cependant de grands orateurs et des acteurs célèbres n'ont jamais pu paraître en public sans ressentir une émotion intense. Il est vrai que cette frayeur, extrême avant qu'ils aient commencé, souvent disparaît complètement dès qu'ils ont prononcé les premières phrases. Alors le sang-froid revient : ils se retrouvent maîtres d'eux-mêmes, et, emportés par la passion, ils oublient leur frayeur, si forte qu'elle ait été au début.

Cette peur est d'un ordre moral très élevé ; elle fait partie des sentiments intimes qui nous portent à considérer tout jugement défavorable porté sur nous comme une blessure faite à notre personnalité psychique ; da même qu'une incision fait une blessure sanglante à notre personnalité physique. On peut donc, je pense, assimiler cette peur de l'orateur à la peur du patient qui va subir une opération, avec cette circonstance aggravante que le patient n'a qu'à être patient, c'est-à-dire inactif, tandis que l'orateur sent que le jugement de l'auditoire dépend de lui-même ; de son éloquence, de la justesse et de la profondeur de ses idées. Il a donc raison d'être effrayé ; car son destin est entre ses mains.

La peur de la mésestime, c'est la timidité ; et vraiment les gens qui sont timides, quand ils doivent paraître en public, ressentent une angoisse terrible, avec tremblements, sueurs, pâleurs, état syncopal, tous symptômes qui sont absolument les mêmes que les symptômes de l'épouvante en face d'un danger mortel.

Mais nous n'entrerons pas dans l'histoire psychologique, si intéressante qu'elle soit, de ces terreurs morales. De même, nous n'avons pas à parler de l'épouvante que détermine l'idée du danger et de la mort qu'on sait menaçante. Car ces sentiments ne nous expliquent pas l'origine même de la peur. Il n'y a que les peurs irréfléchies qui puissent nous révéler la nature même de la peur, depuis ses origines animales jusqu'à l'homme.

D'abord, il y a un sentiment tout à fait spécial à l'homme, paraît-il, — chez les animaux le phénomène n'a guère été observé avec quelque soin, — et qui ne semble pas être tout à fait identique à la peur, quoiqu'il soit de même nature : c'est le *vertige*.

Le vertige est déterminé par la vue d'une grande profondeur dont on n'est séparé que par une faible barrière. Qu'un individu, non habitué à de pareilles excursions, essaie de traverser un échafaudage de cathédrale, à 40 ou 50 mètres au-dessus du sol, sur une planche étroite, oscillante, sans qu'il y ait de garde-fou pour s'y appuyer, et il aura presque certainement le vertige. A ses pieds, à une grande distance, les dalles de la place avec les hommes qui la traversent, comme de petites fourmis ; et, pour se maintenir, pas de soutien. Alors les yeux se troublent, les jambes fléchissent. Impossible de faire un pas de plus ; un immense tournoiement s'empare de tous les objets voisins, qui semblent entraînés dans un tourbillon échevelé. Une sueur froide couvre le corps, et une angoisse invincible vous retient attaché au sol : tout effort de volonté devient impossible, et il n'y a pas moyen d'avancer.

Ce vertige est une frayeur bien peu rationnelle. On ne risque pas plus de tomber de cette planche, où il faut faire deux pas, que sur une planche quelconque placée à un demi-mètre du sol. La planche est solide ; on a éprouvé sa solidité. Il n'importe, la peur domine, et on ne peut avancer. La volonté fera peut-être essayer de passer ; mais la volonté ne donnera pas aux muscles la vigueur et la précision nécessaires. Le plus brave se sentira d'une absolue impuissance, et il aura beau avoir honte de sa faiblesse, il n'avancera pas.

Il faut bien peu de chose pour faire disparaître ce vertige. Une petite balustrade en ficelle suffira. On n'aura même pas besoin de la tenir ; c'est un soutien psychique, ce n'est pas un soutien matériel. La même planche que tout à l'heure on n'aurait osé traverser, maintenant qu'elle a une barrière, si fragile que soit cette barrière, sera traversée sans effroi, sans vertige. Assurément, ce n'était pas le danger qui avait effrayé, c'était l'image du danger, image saisissante, poignante ; cet abîme qui s'étend entre la planche et les pavés de la place.

Ce n'est pas le danger qui détermine le vertige ; car, même avec un très grand danger, parfois le vertige est absent. Les bastingages des navires ne sont pas bien hauts ; et l'abîme de la mer, dont ils nous séparent, ne recèle pas une mort moins sûre que celui de la place qui est aux pieds de la cathédrale : et, cependant, à se pencher sur le bord d'un bateau, on n'a pas le vertige. Qu'on soit sur une barque ou un grand navire, penché sur le bord, on regarde les vagues sans le moindre malaise, alors qu'il serait très pénible de regarder ainsi un précipice.

Je ne m'explique pas très bien comment il se peut faire que de la nacelle d'un ballon on ne ressente aucun vertige. Il y a quelques années, j'ai en l'occasion de faire une ascension aérostatique. Le rebord de la nacelle n'était pas bien haut, puisque, en se tenant debout, ce rebord arrivait un peu au-dessus du genou, à peine. En se penchant on pouvait voir, à une profondeur de six à huit cents mètres, les champs, les villages, les routes, les bois. Eh bien ! ni moi, ni mes camarades, nous n'eûmes le moindre sentiment de vertige. Souvent G. Tissandier m'a dit qu'en ballon jamais personne n'a le vertige. C'est là une anomalie que je ne comprends guère. On a prétendu qu'il fallait, pour sentir le vertige, avoir eu quelque sorte la notion d'une profondeur, notion qui est exclusivement donnée par les angles rentrants ou saillants, tels qu'on les voit en se penchant du haut de la tour ou d'une cathédrale. Mais cet essai d'explication ne me satisfait pas complètement.

En tout cas, le vertige est une peur véritable, peur tout à fait protectrice, puisque elle tend à nous préserver contre les périls des lieux élevés, sans barrière défensive contre la chute.

C'est un exemple excellent de réflexe psychique : car le vertige de l'abîme réunit toutes les conditions des réflexes psychiques. Il est involontaire, conscient, dépendant du sens de la vue, et variable avec les individus. Il est facilement modifiable par l'éducation et l'habitude. De même qu'on peut s'habituer, ainsi que j'en ai donné mon propre exemple, à cheminer sans frayeur, la nuit, dans une forêt très sombre, de même on peut s'habituer à traverser, sans ressentir le plus léger vertige, de petits échafaudages qui n'ont pas de barrière et qui se balancent au-dessus du sol. Les couvreurs, les pompiers grimpent sur les toits sans émotion ; les montagnards se hissent le long des précipices et descendent des glaciers à pic sans que la tête leur tourne. C'est affaire d'exercice et d'habitude. Si l'on veut ne pas avoir le vertige, le mieux à faire est de s'exercer, de s'habituer progressivement à cheminer dans des endroits escarpés, le long d'un précipice, et cette vue finira, avec l'habitude, par devenir tout à fait indifférente.

Rien n'est aussi excusable que le vertige. Le vertige est aussi involontaire et soustrait à la volonté que peut l'être le mal de mer, et il serait bien ridicule d'en faire à qui que ce soit le reproche. Oserait-on dire d'un homme qu'il manque de bravoure, parce qu'il ne peut pas se pencher sur un ravin profond sans que la tête lui tourne et que les jambes tremblent ? Certes, parmi les gens qui ont le vertige, on en trouverait de fort braves, ayant commis dans leur vie plus d'un acte d'héroïsme ;

mais ce courage spécial leur manque, et il ne faut pas leur en vouloir.

J'oserai dire qu'une peur, quelle qu'elle soit, mérite autant d'indulgence que le vertige. Le malheureux qui n'ose pas aller dans une ville où règne le choléra est aussi peu maître de son émotion que celui qui pâlit en face du précipice. Mon indulgence, qu'on jugera peut-être coupable, s'étend à l'un et à l'autre.

L'émotion que détermine un bruit violent, soudain, inattendu, quoiqu'elle ne soit pas tout à fait de la peur, est un sentiment assez analogue.

Voici un individu tranquillement assis dans son fauteuil et qui rêve, ou qui lit, ou qui cause. Tout d'un coup, une détonation violente, un bruit strident se fait entendre. Alors aussitôt il tressaille, il se lève, comme mû par un ressort, et il est pris d'un grand battement de cœur. On peut dire que c'est là presque le rudiment de la peur. C'est une peur tout à fait simple, un ébranlement physique, une émotion toute viscérale, mais qui n'en retentit pas moins fortement sur l'âme.

Le bruit du tonnerre, en particulier, est très effrayant, et nombre de personnes ne peuvent l'entendre sans ressentir quelque frayeur. Est-ce parce qu'on sait que le tonnerre, c'est la foudre qui apporte la mort ? est-ce parce que l'électricité atmosphérique contribue à rendre nerveux et excitable ? Est-ce à cause du bruit épouvantable de l'orage ? Toujours est-il que l'orage violent, avec le roulement continu du tonnerre, interrompu par les éclats plus retentissants de la foudre qui tombe à quelque distance, effraie facilement.

Les animaux eux-mêmes ont parfois la terreur de l'orage. Les tremblements de terre et les ouragans, qui dans les pays tropicaux ont une extraordinaire violence, font naître chez certains animaux, notamment les plus intelligents, chiens, chats, chevaux, oiseaux, un sentiment d'angoisse instinctive, qui a été remarqué par tous les voyageurs, depuis Humboldt.

Le bruit fort, strident, soudain, a spécialement le don d'exciter la peur chez les animaux. L'ouïe est par excellence le sens qui sert à la peur. Les animaux carnivores, quoiqu'ils entendent parfaitement, ont peut-être l'ouïe moins fine que les herbivores ou les rongeurs. Les lièvres, les lapins sont sensibles aux bruits les plus faibles et se sauvent aussitôt. Les rats et les souris sont plus timides encore.

Un bruit fort, même quand il n'est pas soudain, cause toujours une sorte de surprise. Il est assez curieux de voir la figure que font différentes personnes quand on annonce qu'on va tirer un coup de fusil. Il y a une sorte d'inquiétude, avec un commencement de clignement des yeux. Et de fait, à un bruit violent, notre peur, — si tant est que ce soit de la peur, — se caractérise par un clignement de l'œil, une sorte de tressautement général avec battement de cœur. Au moment de l'Exposition de 1878, je voyais la figure des visiteurs qui regardaient tomber avec fracas un immense pilon d'acier qui, toutes les deux minutes, mis en mouvement par une machine à vapeur, enfonçait des madriers. A chaque coup de l'immense masse, dont le bruit était retentissant, tous les assistants fermaient les yeux, et je ne pouvais, pas plus que les autres, me soustraire à ce réflexe. Ce n'est pas là de la peur dans le sens moral du mot. C'est une peur exclusivement physique. Les artilleurs novices, au moment où ils vont tirer un coup de canon, éprouvent, dans l'attente du bruit violent qui va suivre, sinon de la peur, au moins une certaine émotion qui n'en est pas très différente.

La vue de certains animaux peut nous inspirer de la frayeur ; mais c'est surtout le bruit qu'ils font qui épouvante. L'ouïe est le sens de la peur. Aussi, la vue, le toucher et le goût nous protègent-ils en général par l'émotion dégoût plutôt que par l'émotion frayeur, qui plus souvent dépend de l'ouïe. Quelquefois, il est vrai, l'émotion dégoût et l'émotion frayeur se ressemblent ; un crapaud dégoûte et effraie à la fois ; tandis qu'un lion ou une panthère inspireront de l'effroi ; mais il est difficile de décider si cet effroi est naturel, ou bien s'il est dû à notre connaissance de la férocité du lion et de la panthère.

L'odeur peut aussi produire de la frayeur. Le cheval tremble épouvanté quand il sent l'odeur de l'éléphant ; les chiens se reculent effrayés quand on les met sur la piste du loup ; l'odeur du tigre effraie les chevaux.

Probablement, en faisant sur ces répulsions instinctives des observations quelque peu approfondies, on arriverait à constater nombre d'émotions analogues, qui seraient, je m'imagine, fort intéressantes à étudier.

IX

Si nous passons aux choses qui sont capables d'inspirer de la frayeur, en laissant de côté, bien entendu, celles que nous *savons* menaçantes pour notre vie, nous trouvons trois conditions principales : l'inconnu, l'obscurité, la solitude.

D'une manière générale, ce que nous ne connaissons pas nous fait peur. Un animal qui se présenterait à nous avec des formes tout à fait étrangères à celles que nous connaissons exciterait probablement un vif mouvement de frayeur ; mais, à cet égard, l'homme fait, dont la raison corrige les sentiments instinctifs, est un mauvais exemple à donner. C'est l'enfant qu'on doit prendre pour type.

Un enfant qui voit pour la première fois un animal quelconque, surtout de taille un peu notable, est fortement effrayé. Cela est vrai, quelle que soit la nature de l'animal, fin enfant de trois ans, habitué à voir Médor tous les jours, a peur s'il voit Azor qu'il ne connaît pas, puis, peu à peu, il s'habitue, et finit par ne plus en être effrayé. Il s'habituerait tout aussi bien à un kanguroo ou à un chat-huant.

D'ailleurs il en est de même pour tout ce qui est inconnu de lui, qu'il s'agisse d'une personne, d'un animal ou d'un objet. C'est ce qu'on a assez ingénieusement appelé le *misonéisme* (grec, haine ; grec', nouveau : haine de la nouveauté ; on pourrait peut-être dire *néophobie*, expression qui serait plus claire encore comme étymologie). Les enfants et les sauvages, dont l'intelligence est enfantine, ont peur du nouveau. Tout ce qui ne rentre pas dans l'ordre des objets quotidiens est sujet de frayeur ou d'étonnement ; de frayeur quand l'objet est de taille élevée et d'allures vives, d'étonnement quand l'objet nouveau est petit et paraît inoffensif.

On pourrait presque-dire que cette crainte des figures nouvelles, non connues encore, est caractéristique des intelligences rudimentaires. Les esprits élevés, supérieurs, au lieu de craindre la nouveauté ; et de s'en effrayer, la recherchent avidement. Chez le savant, — et tout homme intelligent est plus ou moins un savant, — la curiosité remplace la néophobie. Mais certes la curiosité comporte un certain courage : car toute chose inconnue suppose un danger possible, et il n'y a vraiment sécurité complète que devant les choses bien connues, dont nous avons éprouvé l'innocuité.

Nous nous retrouvons ainsi, par une voie quelque peu détournée, ramené à ce que nous disions plus haut de l'habitude, de l'exercice et du courage professionnel. Ce qui : est parfaitement connu, même quand il y a un certain péril, ne peut plus nous effrayer, tandis que ce qui nous est nouveau, même alors que nous savons très bien l'absence de tout danger, comporte une certaine crainte.

Voici deux hommes vivant dans deux civilisations différentes, un Français et un Chinois. Transportons d'un coup de baguette le Chinois en France, dans une ville française. Quoiqu'il sache bien ne pas courir de danger, il sera, tout au moins le premier jour, très effrayé de tous ce qui l'entoure. Peut-être fera-t-il bonne contenance ; mais au fond il ne sera pas rassuré. De même, le Français, transporté en Chine, aura de la méfiance, et presque de la crainte. Il se décidera difficilement, malgré tous les conseils qu'on pourra lui donner, à s'enfoncer tout seul, et sans armes, dans les rues populeuses, obscures. Mais, au bout de quelques jours, de quelques semaines tout au plus, il sera devenu tout à fait confiant.

Les animaux qui ont l'habitude de voir souvent l'homme cessent de redouter sa présence. Par exemple, les animaux domestiques n'ont pas peur de l'homme, comme en ont peur les animaux sauvages. Les chevaux, les moutons, les poules, les lapins, lorsqu'ils sont réduits à l'état de domesticité, se laissent facilement approcher. Les moineaux à Paris, les pigeons à Venise, les corbeaux à Moscou, les aigles au Caire, volent dans les rues les plus fréquentées sans être intimidés par la foule. Les animaux qui n'ont jamais été chassés ni poursuivis n'ont aucune frayeur quand on arrive près d'eux. Darwin rapporte à ce sujet des observations bien intéressantes. Les êtres les plus craintifs sont ceux qui ont été le plus activement poursuivis. Il semble que, par l'hérédité, le caractère d'être farouche et facile à effrayer se transmette aux descendants. Et, en effet, la peur, quand nul ennemi n'est menaçant, n'a aucune raison d'être. Elle n'est explicable que pour les animaux qui, depuis de longues séries de générations, ont eu besoin de se défendre par une fuite rapide contre leurs agresseurs.

La néophobie ne peut donc se rencontrer que chez les êtres qui ont des périls à craindre ou, tout au moins, dont les ascendants ont eu des périls à craindre. Il n'est pas besoin d'insister pour montrer que presque tous les animaux rentrent dans ces conditions. La terre n'est pas un Paradis terrestre, un Eden enchanteur, où tous les êtres, d'une douceur angélique se respectent mutuellement. Hélas, non ! c'est un champ de carnage où se livrent des luttes perpétuelles, où il y a des vainqueurs et des vaincus, des mangeurs et des mangés. Dans les rares régions, — par exemple, les îles solitaires qui avoisinent les pôles, — où, par suite de la prédominance exclusive d'une seule espèce, ces luttes sanglantes n'ont pas lieu, les animaux ne sont pas farouches. Les phoques, les manchots se laissent facilement approcher par les hommes, et alors les marins ou les pêcheurs, avec une imprévoyance barbare et inepte, en font d'inutiles massacres.

On peut dire que les animaux les plus sauvages sont ceux dont les ancêtres ont été poursuivis avec le plus d'acharnement. La peur est donc héréditaire, comme la plupart de nos sentiments. Il est même vraisemblable que la *faroucherie* des animaux (néologisme qu'on me permettra, j'espère) se conforme aux moyens d'attaque de leurs ennemis. Les vieux chasseurs se souviennent du temps où, les armes ayant une portée moindre, le gibier était moins farouche (les perdreaux notamment), tandis que maintenant, sauf le cas de surprise, ils se lèvent toujours à des distances plus grandes qu'autrefois, à 30 ou 40 mètres environ du chasseur, ce qui est à peu près la portée de nos armes modernes.

En un mot, tout ce qui est nouveau inspire une méfiance qui est le commencement de la peur.

L'orateur qui va parler devant un grand auditoire est d'autant plus effrayé qu'il connaît moins quel sera l'auditoire devant lequel il va parler. Ce qui est très effrayant, c'est d'avoir devant soi une foule énorme dont on ignore les sentiments.

La timidité, qui est une sorte de peur, — analogue à la peur par amour-propre des orateurs et des acteurs, — est d'autant plus forte qu'on ignore davantage dans quel milieu on se trouve. L'homme le plus timide ne sera pas timide avec son ami intime. Il deviendra gauche, hésitant, embarrassé, effrayé, dès qu'un visage nouveau sera devant lui ; à plus forte raison, s'il a à comparaître devant une réunion d'hommes ou de femmes qu'il ne connaît pas.

Plus l'inconnu est inconnu, plus la peur est intense. Aussi, quand il s'agit de phénomènes qu'on dit surnaturels, encore qu'il n'y ait pas de phénomènes surnaturels, la terreur est très grande. Tout ce qui est fantômes, spectres, revenants, habitants de l'autre monde (tout à fait inconnu), est fait pour inspirer l'épouvante. Les petits enfants ont peur de Croquemitaine et de l'Ogre, parce que Croquemitaine et l'Ogre sont des êtres surnaturels, étranges, plus grands que nature, et différents de tout ce qu'ils ont connu jusqu'ici. De même, les hommes faits, paysans ou citadins, hommes cultivés ou rustiques, sont très capables d'avoir peur des spectres. Que l'on affirme à quelqu'un qu'il va se trouver vis-à-vis d'un fantôme, et le plus brave sera effrayé s'il parvient à croire que la menace est sérieuse. Quoi de plus effrayant, en effet, qu'un être qui ne craint ni le fer ni le feu, qui se rit de tous les obstacles, et dont la puissance invincible, supérieure aux forces humaines, dépasse les limites du monde de chaque jour, auquel nous sommes habitués !

Conduisez un homme, même très brave, dans une maison hantée par des fantômes pour qu'il y passe une nuit tout seul ; si cet homme croit réellement, — c'est cela même qu'il est difficile de croire, — qu'il sera visité par un fantôme, eh bien ! je suis convaincu que cet homme très brave ne s'endormira pas tranquillement : j'en suis tellement persuadé que, s'il s'endort en paix, gardant tout son sang-froid, je m'imaginerai que son courage est dû à ce qu'il n'ajoute pas foi aux revenants et qu'il ne verra là qu'une plaisanterie.

L'inconnu est la principale cause de la peur. Cela nous explique comment l'obscurité contribue tant à redoubler, et même à créer notre peur. En effet, l'obscurité, c'est l'inconnu. La vue est de tous nos sens celui, qui peut le mieux nous renseigner sur ce qui nous entoure. Aussi, quand la vue ne peut s'exercer, nous sentons-nous forcément inquiets, troublés. Un homme chemine dans la campagne en plein jour. Il peut voir tout ce qui est autour de lui ; nul ennemi, nul danger ne peut se dérober à ses regards, et il marche hardiment ; il n'a pas peur. Mais, s'il est dans une forêt épaisse, au milieu de la profonde obscurité de la nuit, il se rend compte, vaguement et sans se l'avouer à lui-même, que les périls les plus graves peuvent être à deux pas de là :

un agresseur, un animal féroce, un fantôme, une fondrière, que sais-je ? il ne songe même pas à ces périls, qui sont sans doute imaginaires. Il a peur tout simplement, sans cause, sans que rien puisse justifier sa peur. Mais cette peur, qui parfois n'est pas légitime, s'explique très bien par l'obscurité. L'obscurité l'empêche de voir, de connaître, et la masse d'ombre qui s'étend autour de lui recèle l'inconnu, c'est-à-dire le danger, c'est-à-dire l'épouvante.

Les enfants, les femmes nerveuses, d'un naturel plus excitable, sont sensibles à cette influence de l'obscurité plus que les hommes faits, qui savent par le raisonnement mieux corriger leurs sensations. Mais il n'est, je crois, personne qui puisse se soustraire complètement à l'inquiétude de l'obscurité profonde. Faire rester un homme, même brave, dans un endroit qui lui est tout à fait inconnu, alors que l'obscurité est complète ; c'est l'exposer assurément à avoir peur. Vainement il essaiera de penser avec calme et de suivre méthodiquement le fil de ses idées, il ne sera pas le maître absolu de son attention, et des images peu rassurantes viendront traverser son esprit ; car l'inconnu, tout à fait inconnu ; qui l'entoure, lui imposera l'idée du danger.

Il en est d'ailleurs des animaux comme de l'homme. Tous les cavaliers savent que, pendant la

91

nuit, les chevaux sont très faciles à effrayer, surtout quand la route ne leur est pas connue. Ils ne s'avancent qu'avec méfiance, dressant constamment les oreilles, et le moindre bruit les fait tressauter.

Enfin une dernière condition contribue plus que toutes les autres à augmenter la peur, c'est la solitude.

En effet, la solitude est une condition assez anormale. L'homme est avant tout un animal sociable ; et il ne peut efficacement se protéger, se défendre, que s'il est soutenu par quelques-uns de ses semblables. Isolé dans la nature, l'homme serait bien vite écrasé par des forces supérieures, s'il n'avait compris la puissance de l'association. De là ce besoin de société qui fait qu'un danger partagé est affronté presque gaiment et résolument, alors qu'un danger auquel on est exposé tout seul est parfois intolérable. Il va sans dire que nous laissons de côté l'influence de l'amour-propre ou de la fausse honte, qui ne sont pas cependant sans jouer un rôle, car bien souvent nous arrêtons les effets de la peur afin qu'on ne soit pas témoin de notre lâcheté. Si nous n'étions vus de personne, peut-être ne serions-nous pas braves. Au dire de tous les hommes qui ont couru de vrais dangers, le courage solitaire, qui n'a ni spectateurs ni admirateurs, est le plus difficile et le plus rare.

Ce qui rend la solitude propre à augmenter la peur, c'est qu'on ne se sent protégé par personne. Et alors, à moins d'avoir en soi une extrême confiance (ce qui est rare, quand on est en présence d'un péril inconnu), le sentiment du délaissement devient vraiment atroce. Peu importe que noire peur soit justifiée ou non, elle devient très intense quand nous nous savons absolument isolés. La compagnie de quelqu'un, fût-ce d'un enfant, fût-ce d'un infirme, suffit pour rassurer.

A vrai dire, le signe le plus manifeste de la solitude, c'est le silence. Il est certain qu'un profond silence, une obscurité profonde sont des conditions essentiellement favorables à la peur. Je le répète, il faut être brave et vraiment brave pour résister à cette triple épreuve de l'inconnu, de l'obscurité et de la solitude avec silence. Le moins poltron des hommes ne sera pas sans quelque émotion. Que dans ce silence un bruit connu vienne à se faire entendre, léchant d'un oiseau, la sonnerie d'une horloge, le bruit de la mer ou du vent, le roulement d'une voiture, et surtout une voix humaine, quel soulagement ! On reprendra courage ; on ne se sentira plus isolé, perdu dans la solitude et jeté dans un monde inconnu.

Qu'on me permette, pour terminer, de rapporter un récit dû à la plume d'un littérateur russe de mes amis, récit qui me parait bien réunir toutes les conditions propres à faire naître l'effroi.

Serge et Nicolas, jeunes étudiants, projettent d'aller passer la nuit dans une maison hantée par un fantôme et, pour cette cause, abandonnée depuis longtemps. Le soir, à huit heures, Serge va chercher Nicolas, le fait monter dans sa troïka, et tous deux vont, à quelques verstes de Moscou, dans la maison déserte. Ils entrent dans la maison, pénètrent dans la pièce hantée, et s'installent le plus commodément qu'ils peuvent pour y bien passer la nuit. Ils ont allumé leur lampe, ils ont des livres, une bouteille de Champagne ; et, comme ils sont braves et incrédules, nul autre sentiment ne les agite qu'une petite émotion qui n'est peut-être pas sans quelque agrément. Nicolas se met dans un grand fauteuil pendant que Serge lui fait la lecture. Cependant l'heure marche. C'est à minuit que doit venir le spectre. Il est onze heures ; onze heures un quart. Serge, jusque là tout à fait rassuré, commence à ressentir un vague sentiment d'inquiétude : il regarde Nicolas, qui dort tranquillement. — Onze heures et demie. — Nicolas dort toujours, d'un sommeil difficile à comprendre en ce moment critique. Serge commence à devenir tout à fait inquiet. Il essaie de réveiller Nicolas qui, alourdi par le sommeil, ne répond pas aux instances de son ami, se retourne sans mot dire et continue à dormir profondément. Alors la terreur de Serge augmente. — Onze heures trois quarts. — Oui vraiment, le fantôme va venir, et Serge se sent envahi par une angoisse indicible qui croît à chaque minute. De nouveau il presse Nicolas, le secoue de toutes ses forces, l'appelle avec toute l'énergie du désespoir : mais c'est en vain, Nicolas ne répond pas. Et l'heure marche toujours. Et la terreur augmente à chaque minute. Tout d'un coup la lampe s'éteint. Dans l'obscurité la figure de Nicolas prend une teinte blafarde, phosphorescente. Nicolas a disparu. Celui que Serge essaye de secouer, ce n'est pas son ami, son camarade, son défenseur ; c'est le spectre lui-même qui se dresse hideux, tout debout.

Voilà, je pense, toutes les conditions requises pour que la terreur soit complète, et je ne souhaiterais pas, même au plus brave, d'en faire l'épreuve.

X

Envisageons dans leur ensemble les symptômes et les causes de la peur. Nous pourrons comprendre avec plus de netteté la loi simple qui réunit tous les faits.

Tous les êtres vivants sont organisés pour vivre. Qu'ils soient intelligents ou non, conscients ou non, ils doivent vivre ; et toutes leurs émotions, tous leurs actes sont conformes à ce grand devoir.

De là ces émotions protectrices, ces réflexes protecteurs, qui font fuir le danger, sans que l'intelligence et la conscience aient besoin d'intervenir. La peur est un de ces réflexes de protection. Elle fait que l'animal ou l'homme, en présence d'un objet inconnu, ou excités par un bruit soudain, ou stimulés par la vue de certains objets, ressentent l'émotion de la peur, et répondent à l'excitation par les réactions de la peur.

Ces réactions sont la fuite ou l'immobilité. Elles sont diversement utiles. La fuite sert à ceux qui sont rapides ; l'immobilité sert à ceux qui peuvent se cacher et dissimuler leur présence. Aussi la peur peut-elle tantôt exciter la fuite, tantôt, si elle est plus intense, paralyser les mouvements.

Chez l'animal, l'émotion de la conscience ne nous est guère connue ; mais nous savons bien ce qu'elle est chez l'homme. C'est un sentiment pénible, une angoisse cruelle, que ni la volonté, ni l'attention ne peuvent vaincre.

L'homme, dont l'intelligence peut atteindre aux causes et aux lois des phénomènes, l'homme sait qu'il doit vivre, — il ne sait guère pourquoi, — et l'amour de la vie est solidement enfoncé en lui, si bien que tout ce qui offense la vie, — c'est-à-dire la douleur et la mort, — sera motif de frayeur. Si l'on a peur, c'est parce que l'image de la douleur et de la mort est là, et que notre être tout entier a une répulsion profonde de la douleur et de la mort.

Ainsi l'animal n'a que des peurs irraisonnées, irréfléchies, dues à une longue hérédité. Mais l'homme, outre ces frayeurs instinctives, est capable de comprendre les périls qui le menacent ; et alors il a la peur de la mort et la peur du danger. L'animal a peur sans savoir pourquoi. L'homme, quoique ayant, lui aussi, peur sans savoir pourquoi, se rend compte parfois que sa peur est due à la mort qui le menace.

La peur est donc en dernière analyse une protection contre la mort. Mais, quelque salutaire qu'il soit, ce sentiment que la nature nous a inspiré doit être énergiquement combattu : c'est une émotion d'ordre intérieur qu'il faut tâcher de dominer et de soumettre aux conditions morales de notre existence.

Il faut s'efforcer de se vaincre soi-même, et de remplacer les images de terreur par d'autres images supérieures, qui peut-être triompheront de la peur, l'oubli de soi-même, l'abnégation, le devoir. Certes ces idées ne seront pas sans utilité ; mais peut-être un moyen plus efficace, — quoique plus humble, — est de s'habituer au danger, et d'envisager souvent, aussi souvent que possible, sans bravade, mais sans tristesse, l'image de la mort qui nous attend tous les uns et les autres.

www.ingramcontent.com/pod-product-compliance
Lightning Source LLC
Chambersburg PA
CBHW022123280326
41933CB00007B/518